KB080027

수정 개정판

독일어 쉽게 배우자!

Lernen wir Deutsch leicht!

전 춘 명

도서출판 지식나무

독일어 쉽게 배우자!

Lernen wir Deutsch leicht!

ⓒ 전춘명 2023

초판1쇄 발행	2005년 4월 8일
개정1쇄 발행	2013년 2월 20일
개정2쇄 발행	2017년 2월 28일
수정개정판 발행	2023년 2월 20일

지은이 | 전춘명
발행인 | 김복환
발행처 | 도서출판 지식나무
등 록 | 제301-2014-078호
주 소 | 서울시 중구 수표로12길 24
전 화 | 02-2264-2305
이메일 | booksesang@hanmail.net

ISBN 979-11-87170-51-8

값 17,000 원

개정판을 내면서

다양화가 핵심인 세계화 시대에 접어든 오늘날, 이제는 영어만이 아닌 제2외국어의 중요성이 절대적으로 요구되는 시기이다. 특히 독일어는 현재 유럽연합에서 영어에 버금가는 높은 위상을 가지고 있으며, 유럽 시장으로 눈을 돌려야 하는 우리에게 더욱더 중요한 외국어로서 자리를 잡고 있다. 이러한 시대적 조류에 부합하여 독일어를 더 쉽게 접할 수 있는 교재의 필요성이 어느 때보다 절실하다. 『독일어 쉽게 배우자!』는 이런 계기로 집필되었다.

이 책을 집필할 때 가장 큰 역점을 둔 것은 독일어가 "배우기 어려운 외국어"가 아니라 "배우기 쉬운 외국어"라는 인식의 전환이 일어날 수 있도록 하는 것이었다. 그래서 이 책은 기존 문법책의 형식 및 문법 용어를 지양하고 더 쉽게 독일어 문법을 접할 수 있도록 구성되었다. 무엇보다 독일어를 처음 배우는 대학생을 중심으로 이루어지는 강의와 이들의 기초 학습에 초점을 맞추기 위하여 이 책은 기존 외국어 교재의 틀을 벗어나 핵심적인 내용만 엄선하여 간결하게 제시하였다.

기본적인 문법을 중심적으로 다루고 있는 이 책의 내용은 효과적인 독일어 학습 목표를 달성하기 위하여 다음과 같은 특성을 갖추었다.

첫째, 모든 문법 내용은 도표를 통해서 정리되었다. 필수적으로 알아야 할 문법 사항, 의미 및 이에 대한 응용 등은 가능하면 도표로 제시하여 학습자가 쉽게 문법을 익힐 수 있도록 일목요연하게 구성하였다.

둘째, 문법 내용에 대한 이해력 측정 및 확대는 다양한 연습문제를 통해서 이루어질 수 있도록 하였다. 주어진 연습문제 풀이가 곧 독일어 문법을 자연스럽게 체득하는 방안이 되는 것이다.

셋째, 자신 있는 의사소통 능력을 배양하는 데 목표를 두었다. 전통적인 문법 중심의 접근방식을 지양하고 가능하면 일상생활에서 사용되는 어휘를 학습하여 기초적인 회화를 구사할 수 있도록 단문 위주의 문장만을 엄선하였다.

넷째, 이 책은 본문 내용과 더불어 부록에 담은 풍부한 독일어 표현을 숙지함으로 다양한 독일어 자격시험 준비 및 더 나아가 독일 대학에서 제출하는 리포트 또는 논문을 작성할 수 있는 능력을 겸비할 수 있도록 하였다.

지난 몇 년 동안 이 책을 수업교재로 사용하셨던 선생님들의 조언과 지적으로 이렇게 개정판을 낼 수 있는 기반이 되었기에 이 자리를 통해 감사의 마음을 전합니다. 끝으로 개정판 출판에 많은 수고를 해주신 출판사 관계자분에게도 고마움을 표합니다.

2023년 1월 양산동 연구실에서
전춘명

차례

Lektion 1

Lektion 2

Lektion 3

Lektion 4

Lektion 5

Lektion 6

Lektion 7

Lektion 8

Lektion 9

Lektion 10

Lektion 17

Übungen

Lektion 1 (eins)

Ⅰ. 독일어 알파벳

▶ 독일어 알파벳은 영어와 같은 26개의 알파벳과 독일어 특유의 알파벳 4개
ß와 Ä, Ö, Ü로 구성되어 있다. 독일어 알파벳은 다음과 같다.

A	a	[a:]	아	P	p	[pe:]	페
B	b	[be:]	베	Q	q	[ku:]	쿠
C	c	[tse:]	체	R	r	[εr]	에르
D	d	[de:]	데	S	s	[εs]	에스
E	e	[e:]	에	T	t	[te:]	테
F	f	[εf]	에프	U	u	[u:]	우
G	g	[ge:]	게	V	v	[fau]	파우
H	h	[ha:]	하	W	w	[ve:]	베
I	i	[i:]	이	X	x	[iks]	익스
J	j	[jɔt]	요트	Y	y	[ypsilɔn]	윕실론
K	k	[ka:]	카	Z	z	[tsεt]	체트
L	l	[εl]	엘	Ä	ä	[a-ʊmlaut]	아 움라우트
M	m	[εm]	엠	Ö	ö	[o-ʊmlaut]	오 움라우트
N	n	[εn]	엔	Ü	ü	[u-ʊmlaut]	우 움라우트
O	o	[o:]	오		ß	[εstsεt]	에스체트

II. 독일어 발음하기

▶ 독일어는 대부분 알파벳 소리대로 발음한다. Auto [아우토] 자동차
▶ 강세는 주로 첫음절에 있다. Haus [하′우스] 집
▶ a, e, i, o, u 길게 발음되는 경우
  ① 모음 바로 뒤에 자음이 1개 있을 때:
    geben [게-벤] 주다, haben [하-벤] 가지고 있다, Frage [프라-게] 질문
  ② 같은 모음 두 개가 중복될 때:
    Haar [하-르] 머리카락, Tee [테-]](에-), Boot [보-트] 보트
  ③ 모음 뒤에 h가 있을 때:
    gehen [게-엔] 가다, nehmen [네-멘] 잡다, Bahnhof [반-호프] 역,
▶ a, e, i, o, u 짧게 발음되는 경우
  ① 모음 바로 뒤에 자음이 2개 이상 있을 때:
    Gast [가스트] 손님, Bett [베트] 침대, Winter [빈터] 겨울,
    Post [포스트] 우편, 우체국 Puppe [푸페] 인형

1. 모음(Vokale)

1) 단모음(Einfache Vokale)

		단 음			장 음	
a 아	[a]	Amt 암트	Mann 만	[a:]	Atem 아-템	Abend 아-벤트
e 에	[ɛ]	Bett 베트	essen 에센	[e:]	geben 게-벤	Rede 레-데
i 이	[i]	Himmel 힘멜	Gift 기프트	[i:]	Bibel 비-벨	Kino 키-노
o 오	[ɔ]	dort 도르트	oft 오프트	[o:]	oben 오-벤	rot 로-트
u 우	[u]	Mutter 무터	rund 룬트	[u:]	Hut 후-트	du 두-

2) 변모음(Umlaut)

	단 음		장 음	
ä 애	[ɛ]	Hände 핸데 März 매르츠	[ɛ:]	Pläne 플래-네 Bär 배-어
ö 외	[œ]	Löffel 뢰펠 öffnen 외프넨	[ø:]	mögen 뫼-겐 Töne 퇴-네
ü 위	[ʏ]	Glück글뤽 fünf퓐프	[y:]	Übung 위-붕 Hügel 휘-겔

3) 이중모음(Doppelvokale)

aa 아-	[a:]	Haar 하-르 Staat 슈타-트 Saal 잘-
ee 에-	[e:]	Idee 이데- Seele 젤-레 Tee 테-
oo 오-	[o:]	Boot 보-트 Moos 모-스 Zoo 조-

4) 복모음(Diphtonge)

au 아우	[au]	bauen 바우엔 Baum 바움 laut 라우트
ei (ai, ay, ey) 아이	[ai]	Bayern 바이에른 leise 라이제 Meyer 마이어
eu (äu) 오이	[ɔy]	Freude 프로이데 läuten 로이텐 Leute 로이테
ie 이	[i:]	Bier 비-어 Liebe 리-베 liegen 리-겐

※(예외) Museum [eu]

ie 바로 앞 음절에 강세가 있는 경우 [iə]: Familie, Ferien, Materie, Italien

5) 모음의 발음규칙

장음으로 발음하는 경우	단음으로 발음하는 경우
① 강세 있는 모음 + 자음 1 　Tag, leben, Foto Beruf 　※(예외) das, es, hat, man, was ② 이중모음 　Haar, Idee, Boot ③ 모음 + h (h는 묵음) 　Bahnhof, gehen, ihn, Sohn 　※gehören(e는 단음 [ə]이고, 　h는 묵음이 아니다) ④ 모음 + ß 　Fuß, groß, grüßen, Spaß	① 모음 + 자음 ≧ 2 　(모음+중자음, 모음+복자음) 　Ball, Bett, immer, kommen 　※(예외) Arzt, werden, hoch, 　　Mond, Obst, Buch, Kuchen ② 모음 + x 　Taxi, Max ③ 강세가 없는 모음 　gehören, Idee, koreanisch, 　Monat, Universität

2. 자음(Konsonanten)

1) 단자음(Einfache Konsonanten)

b	[b]	Bein	loben	braun	Brot
	[p]	Dieb	halb	gelb	lebhaft
c	[k]	Creme	Cola	Computer	Cousin
	[ts]	Cäsar	Cello	Cent	Cigarre
d	[d]	Dank	Dorf	dumm	reden
	[t]	Bild	Hand	Kind	Mond
f	[f]	Feld	Finger	fragen	Freund
g	[g]	Gast	gegen	Gier	glanz
	[k]	Berg	möglich	Tag	Weg
	[ç]	ewig	fleißig	Honig	König

h	[h]	Hand	Haus	Hochzeit	Hund
	[ː]	Ehre	gehen	Huhn	Rührung
j	[j]	Jammer	jene	jung	juni
	[ʒ][dʒ]	Jogging	Journal	Jump	Jury
k	[k]	kennen	Kirche	klar	Kunst
l	[l]	laufen	lernen	Licht	viel
m	[m]	Armut	kommen	Mond	Morgen
n	[n]	Ernte	Mann	Name	nein
p	[p]	Papier	Platz	prägen	Post
qu	[kv]	Qual	Quelle	quick	Quittung
r	[r]	ragen	Regen	reisen	rot
s	[s]	Glas	Haus	Muskel	Post
	[z]	Hose	sagen	sinnen	Sommer
t	[t]	halten	Talent	tief	Tochter
v	[v]	Klavier	November	Novelle	Universität
	[f]	Vater	Vogel	Verstand	Vorbild
w	[v]	Wagen	werden	Woche	wüten
x	[ks]	Examen	Max	Taxi	Text
z	[ts]	Tanz	Zeit	Zug	Zweifel

2) 복자음(Zusammengesetzte Konsonanten)

ch	[x]	brauchen	Buch	Tochter
	[ç]	China	ich	Milch
	[k]	Chaos	Charakter	Christ
	[ʃ]	Chamois	Chance	Chef

chs	[ks]	sechs	wachsen	wechseln
ck	[k]	Bismarck	dick	Rücksack
ds	[ts]	abends	Landsmann	
dt	[t]	Gesandter	Stadt	verwandt
ng	[ŋ]	Junge	lang	singen
nk	[ŋk]	Dank	denken	Onkel
pf	[pf]	Apfel	Gipfel	Kopf
ph	[f]	Philosophie	Physik	Telephon
sch	[ʃ]	Scherz	schlafen	Schwester
sp	[ʃp]	Sperling	spielen	Sprache
st	[ʃt]	Staat	stark	stehen
	[st]	Fenster	gestern	Post
th	[t]	Theater	Thema	These
ts	[ts]	nachts	nichts	Rätsel
tz		jetzt	Netz	Platz
tsch	[tʃ]	Deutsch	Dolmetscher	plätschern

3) 이중자음(Doppelkonsonanten)

mm	[m]	Himmel	kommen	Sammlung
nn	[n]	Mann	nennen	Spannung
pp	[p]	doppelt	Suppe	zappeln
rr	[r]	Herr	irren	Narr
ss	[s]	besser	Klasse	küssen
tt	[t]	Blätter	Mutter	schütteln

4) 자음의 발음규칙

① b, d, g의 발음

  [b],[d],[g] : 단어의 처음이나 모음 앞에서

  [p],[t],[k] : 단어(음절)의 끝이나 자음 앞에서

  ※ -ig [ç] : 단어의 끝이나 자음 앞에서(weni**g**st)

② h의 발음

  모음 + h : h는 묵음이고 앞의 모음은 장음이 된다.

  강세 있는 음절 처음에는 [h]로 발음한다. ge<u>h</u>ören, wo<u>h</u>er

③ s의 발음

  [s] : 단어의 끝 또는 자음 앞

  [z] : 모음 앞에서

④ v의 발음

  [f] : 단어의 처음이나 끝

  [v] : 모음 + v + 모음 또는 외래어

⑤ ch의 발음

  [x] : a, o, u, au + ch

  [ç] : 기타 모음, 자음 + ch

  [k] : ch + a, o, u, l, r (라틴어 계통의 외래어)

  [ʃ] : 불어 계통의 외래어

3. 강세(Akzent)

1) 첫 음절에 강세가 있다.

sétzen   ímmer   Stúnde
Wásserwagen   Mórgenstunde   wúnderschön

2) 비분리전철(be-, emp-, ent-, er-, ge-, ver-, zer-, miss-)을 갖는 단어는 2음절에 강세가 있다.

begínnen   empféhlen   entdécken   erfáhren   gehören
verkáufen   zerbréchen   missáchten

3) -ei, -ie, -ier, -ieren, -ierer으로 끝나는 단어는 어미에 강세가 있다.

Arznéi   Theoríe   Offizíer   studíeren   Kassíerer

4) 외래어는 대개 끝 음절에 강세가 있다.

Studént   Natión   Musík   Elefánt   Soldát
modérn   Architektúr

5) 합성부사는 대개 끝 음절에 강세가 있다.

alléin   sofórt   vielléicht   wohér   zufríeden   zuérst

III. 발음 연습

Guten Morgen!

Guten Tag! Grüß Gott! Hallo!

Guten Abend!

Gute Nacht!

Auf Wiedersehen!

Auf Wiederhören!

Tschüss!

Bis nachher! Bis Montag!

Entschuldigung!

Verzeihung!

Danke! Danke schön!

Ich komme aus Korea.

Ich wohne in Seoul.

Ich liebe dich.

Du liebst mich.

Er fliegt nach Deutschland.

Wir lernen Deutsch hier.

✍ 다음 밑줄 친 단어들 중에서 장음으로 발음하는 것은?

1. Fahrrad   Kind   Bett   Hand
2. Kino   Fisch   bitten   Himmel
3. Zug   Dorf   Heft   Tisch
4. Käse   März   Löffel   Hütte
5. schön   öffnen   Bürger   können

✍ 다음 밑줄 친 단어들 중에서 단음으로 발음하는 것은?

1. Mann   Ahnung   Dame   Bahn
2. denn   geben   gehen   Tee
3. Tinte   bieten   Bibel   Tiger
4. kommen   wohnen   Ofen   Brot
5. Mutter   Ruhm   Blume   Huhn

✍ 밑줄 친 발음이 나머지 단어들과 상이한 것은?

1. China   Buch   Tuch   acht
2. doch   ich   recht   leicht
3. Dieb   bilden   Knabe   lieben
4. Stuhl   Fenster   Gast   Kunst

Lektion 2 (zwei)

I. 인칭대명사와 동사의 현재 인칭변화

1. 인칭대명사

인칭	단 수	복 수
1인칭	ich 나는	wir 우리는
2인칭	du 너는	ihr 너희들은
3인칭	er 그는 sie 그녀는 es 그것은	sie 그들은
존 칭	Sie 당신은	Sie 당신들은

2. 동사의 현재 인칭변화

인칭	lernen 배우다		kaufen 사다	
Ich	lerne	Deutsch.	kaufe	hier.
Du	lernst	Englisch.	kaufst	hier.
Er/ Sie/ Es	lernt	Japanisch.	kauft	hier.
Wir	lernen	Deutsch.	kaufen	hier.
Ihr	lernt	Französisch.	kauft	hier.
sie/ Sie	lernen	Chinesisch.	kaufen	hier.

* 독일어의 모든 원형동사(부정형)는 -(e)n으로 끝난다.
* 동사의 형태는 주어의 인칭에 따라 변한다.
* 동사 lernen(배우다)에서 lern-이 어간이고, 인칭에 따라 어미가 결합된다.

✍ 아래 동사의 의미를 적고 어간과 어미로 나누어 보세요.

동사	의미	어간	어미
1. arbeiten			
2. erklären			
3. fliegen			
4. gehen			
5. kaufen			
6. liegen			
7. nennen			
8. öffnen			
9. rauchen			
10. sagen			

✍ 주어진 동사를 사용하여 인칭에 알맞게 변화시켜 보시오.

	wohnen 살다	kommen 오다	gehen 가다	spielen 놀다	machen 하다
ich					
du					
er/ sie/ es					
wir					
ihr					
sie/ Sie					

* 규칙 동사이긴 하지만 발음 편의상 약간의 변화가 있는 동사들

	finden	reisen
ich	finde	reise
du	findest	reist
er/ sie/ es	findet	reist
wir	finden	reisen
ihr	findet	reist
sie/ Sie	finden	reisen
	bilden arbeiten	heißen

✍ 빈칸에 알맞은 인칭어미를 넣으시오.

1. Ich lern__ Deutsch.
2. Er trink__ Wasser.
3. Ihr trink__ Bier.
4. Wir lern__ Englisch.
5. Mina und Minsu komm__ aus Korea. Sie lern__ hier Deutsch.
6. Martina frag__ Mina und Minsu: „Komm__ Sie aus Japan?"
7. „Nein, wir komm__ aus Korea; wir komm__ nicht aus Japan."
8. Ich frage Frau Müller: „Was mach__ Sie hier?"
9. „Ich lern__ hier Deutsch. Ich geh__ zur Uni. und arbeit__ viel."
10. Er wart__ schon lange.
11. Wir telefonier__ immer.
12. Ich lieb__ dich.

✍ 주어진 단어를 사용하여 문장을 만드시오.

인칭대명사	동 사	문 장
ihr, du, wir, Sie, er, es, ich, sie	macht, gehst, male, wohnt, fahren, komme, kaufst, machen, spielt	Ich komme. Ich male. Du _____. Wir _____. Ihr _____. Er _____. Sie(당신) _____. Sie(그녀) _____.

II. 기본 문장 구조

1. 평서문

Er	kocht	heute.
Heute	kocht	er.
Ich	spiele	Klavier.
Jetzt	spiele	ich Klavier.
Wir	lernen	Deutsch hier.
Deutsch	lernen	wir hier.
Hier	lernen	wir Deutsch.
	동사	

* 동사는 언제나 두 번째 자리
* 문장 첫 자리에 주어 이외 다른 문장 성분이 올 수 있다.
  이 경우 주어는 동사 뒤에 온다.

2. 의문문(의문사 없는 경우) 만들기와 대답하기

Kocht	er	jetzt?	=> Ja, er kocht jetzt.
Kochst	du	heute?	=> Nein, ich koche nicht.
Spielst	du	Klavier?	=> Nein, ich spiele nicht.
Arbeitet	ihr	heute?	=> Ja, wir arbeiten heute.
동사			

* 의문사가 없는 의문문인 경우 동사는 첫 번째 자리
* 긍정은 Ja, 부정은 Nein.

✍ 아래 주어진 문장을 완성시키시오.

1. Kochen Sie heute?   Ja, ich koche heute.(Klar, heute koche ich)
2. Hören Sie gerne Musik? Ja, ich ....
3. Arbeitet er viel?   Ja, er ....
4. Lesen Sie gerne?   Ja klar, ich ....
5. Kommst du heute?   Nein, ich ....

III. 의문사

1. 의문사의 종류 및 의미

의문사	예문
was 무엇	Was machst du?
wer 누가	Wer kommt jetzt?
wie 어떻게	Wie heißen Sie?
wo 어디서	Wo wohnt er?
wohin 어디로	Wohin fahren Sie?
woher 어디에서	Woher kommst du?
wann 언제	Wann kommt ihr?
warum 왜	Warum weinst du?

* 의문사가 있는 의문문에서도 동사는 언제나 두 번째 자리

✍ 주어진 문장을 독일어로 표현하시오.

1. 너는 독일어(Deutsch)를 배운다. =>
2. 너는 독일어를 배우니? =>
3. 언제 너는 독일어를 배우니? =>
4. 너는 나를(mich) 사랑한다. =>
5. 너는 나를 정말로(wirklich) 사랑하니? =>
6. 왜 너는 나를 정말로 사랑하니? =>
7. 그는 서울에 산다. =>
8. 그는 서울에 사니? =>
9. 어디에 그는 살고 있니? =>

2. 의문사가 있는 의문문에 대한 답변 연습하기

질 문	답 변
Was machen Sie?	Ich spiele.
Wer kommt?	Er kommt.
Wie heißen Sie?	Ich heiße Kim.
Wo wohnen Sie?	**In** Seoul. (Ich wohne in Seoul.)
Wohin fahren Sie?	**Nach** Busan. (Ich fahre nach Busan.)
Woher kommen Sie?	**Aus** Korea. (Ich komme aus Korea.)
Wann kommt ihr?	Heute. (Wir kommen heute.)

* 방향을 나타내는 의문사의 기본 의미

? --------->   (?)   ---------> ?

Woher?   Wo?   Wohin?

aus   in   nach

✍ 주어진 질문에 알맞은 답변을 찾으시오.

1. Wo wohnen Sie? -----------------> a) In Seoul.
2. Wohin fahren Sie?   b) Wir!
3. Wer kommt?   c) Ich lerne Deutsch.
4. Wann fahren wir nach Seoul?   d) Morgen.
5. Was machen Sie?   e) Nach Busan.
6. Woher kommen Sie?   f) Aus Suwon.

✍ 다음 대화를 완성하시오.

1. Guten Tag! Endlich fahren wir los! _____ fahren Sie denn?
2. _____ Heidelberg, und Sie?

3. _____ fahre nach Berlin.

4. Ah, Berlin! Schön! Und _____ kommen Sie?

5. _____ Frankfurt, und Sie?

6. Ich komme gerade _____ Bremen.

7. Arbeiten Sie _____ Heidelberg?

8. Nein, ich arbeite in Mannheim, aber ich wohne _____ Heidelberg.
   Und Sie, _____ machen Sie _____ Berlin?

9. Ich besuch___ Freunde.

✍ 답변에 해당하는 의문문을 만드시오.

1. _____? In Marburg.

2. _____? Er kommt.

3. _____? Heute oder morgen.

4. _____? Wir fahren nach Hamburg.

5. _____? Er spielt.

✍ 주어진 동사를 사용하여 대화를 완성하시오.

1. Wie <u>heißen Sie</u> ? (heißen)
   Ich _____.

2. Woher _____? (kommen)
   Ich _____.

3. Wo _____? (wohnen)
   Ich _____.

4. Was _____? (studieren)
   Ich _____. (Germanistik, Soziologie, Physik,
   Theologie, Anglistik....)

5. Wohin _____? (fahren)
   Ich _____.

✍ 주어진 단어를 사용하여 독일어로 표현하시오.

1. 너는 지금 온다. (du, kommen, jetzt).
=>

2. 너 지금 오니? (du, kommen, jetzt)
=>

3. 언제 너 오니? (wann, du, kommen))
=>

4. 그는 독일어를 배운다. (er, lernen, Deutsch)
=>

5. 그는 독일어를 배우니? (er, lernen, Deutsch)
=>

6. 어디서 그는 독일어를 배우니? (wo, er, lernen, Deutsch))
=>

7. 왜 그는 독일어를 배우지? (warum, er, lernen, Deutsch))
=>

8. 어떻게 그녀는 독일어를 배우고 있지? (wie, sie, lernen, Deutsch)
=>

9. 우리는 부산으로 출발한다. (wir, fahren, nach)
=>

10. 그들은 서울에 산다. (sie, wohnen, in)
=>

11. 그녀는 어디서 독일어를 배워? (wo, lernen, sie, Deutsch)
=>

12. 당신은 어디로 가십니까? (wohin, Sie, gehen)
=>

13. 너희들은 어디에서(~로부터) 왔니? (woher, ihr, kommen)
=>

✍ 주어진 단어의 의미를 적은 후 문장을 만드시오.

동사	의미	문장 만들기
arbeiten		Ich
erklären		Du
fahren		Wir
finden		Er
fliegen		Sie(그녀)
gehen		Ihr
heißen		Ich
kaufen		Sie(그들은)
kommen		Ich
lernen		Du
lieben		Er
machen		Sie(당신)
nennen		Ihr
öffnen		Wir
rauchen		Er
reisen		Ich
sagen		Ihr
sammeln		Er
spielen		Sie(그녀)
trinken		Wir
warten		Ich
wohnen		Er

✏ 주어진 문장을 해석한 후 속뜻을 적으시오.

Kommt Zeit, kommt Rat.

Kleider machen Leute.

Feierabend!

Lektion 3 (drei)

I. sein 동사와 haben 동사

1. sein과 haben의 인칭에 따른 동사 변화

	sein(~이다)	haben(~을 가지고 있다)
ich	**bin**	habe
du	bist	**hast**
er/ sie/ es	ist	**hat**
wir	**sind**	haben
ihr	**seid**	habt
sie / Sie	**sind**	haben

2. sein과 haben의 사용

sein + 형용사, 부사/명사		
sein	형용사, 부사/명사	
Ich **bin**	sehr	glücklich.
Du **bist**		Student.
Er **ist**	sehr	groß.
Wir **sind**	heute	traurig.
Ihr **seid**	heute	müde.
Sie **sind**	heute	sehr müde.

✍ sein 동사를 인칭에 알맞게 변화시키시오.

1. Bist du müde? Nein, ich _____ nicht müde, ich _____ unglücklich.
2. _____ Sie nervös? Wir! Nervös? Nein, nein, wir ____ sehr ruhig.
3. _____ sie arrogant? Arrogant? Nein, sie _____ elegant.
4. _____ er fit?   Nein, er _____ fix und fertig!
5. _____ ihr glücklich?   Ja, wir _____ sehr glücklich.
6. _____ sie Studentin?   Nein, sie _____ Sekretärin.
7. _____ Sie Direktor?   Nein, ich _____ Vize−Direktor.
8. _____ du Japaner?   Nein, ich _____ Koreaner.
9. _____ Klaus und Karl Lehrer?   Nein, sie _____ Musiker.

haben + 명사		
haben		명사
Ich	**habe** immer	Glück.
Du	**hast** immer	Pech.
Er	**hat** immer	Hunger.
Wir	haben nie	Angst.
Ihr	habt	Durst.
Sie	haben nie	Angst.

✍ haben 동사를 인칭에 알맞게 변화시키시오.

1. Ich _____ heute viel Zeit.
2. _____ du Talent?
3. _____ ihr Geld?
4. Er _____ Durst.
5. Wir _____ leider Pech.

✍ haben 또는 sein 동사를 인칭에 맞게 변화시키시오.

1. Ich _____ müde.
2. Das Wetter _____ schlecht.
3. Der Chef _____ arrogant.
4. Das Projekt _____ noch nicht fertig.
5. Ich _____ Angst.
6. Immer _____ er Pech.
7. _____ das Leben nicht traurig?
8. Was _____ nur los?
9. _____ das normal?

✏ 주어진 문장을 해석한 후 속뜻을 적으시오.

Ich bin so kaputt.

Ich bin sauer/ angepisst.

Er ist eine Flache beim Spielen.

Ich bin im Eimer nach dem Examen.

Er ist blau.

Sie hat wirklich Schwein.

Du hast einen Vogel.

II. 명사의 성(Genus)

1. 독일어 모든 명사는 남성 maskulin(m.), 여성 feminin(f.),
   중성 neutrum(n.)으로 구분된다.

명사	특성	주요 단어들
남성명사 (m.)	* 남자 * 직업, 요일, 월, 계절 * 방향, 동물이름, 산이름 * 술이름, 자동차명 * 어미 –en을 가진 명사 * 동사의 어간 * 어미 –er/–or/–ist/–ent	* Vater, Bruder * Lehrer, Montag, Januar, Sommer * West, Tiger, Brocken, * Wein, BMW, VW, * Hafen, Kuchen * Anfang (anfangen) * Computer, Doktor, Polizist, Student
여성명사 (f.)	* 여자 * 어미 –cht, –enz, –in, 　–ung, –heit, –keit, –schaft, 　–ei, –ie, ik, –ion * 강이름, 배, 비행기이름 * 동사 파생 –t * 어미 –e	* Mutter, Schwester * Furcht, Differenz, Lehrerin, 　Übung, Einheit, Ewigkeit, Landschaft, 　Partei, Familie, Klinik, Reaktion * Donau, Boeing * Abfahrt, Ankunft * Adresse, Reise
중성명사 (n.)	* 대다수의 나라이름 * 색깔 * 동사 부정형 * 어미 –chen,–lein * Ge–로 시작하는 명사 * 금속형, 호텔명, 지명 * –ett,–il, –ma, –o, 　–(m)ent, –um으로 　끝나는 외래어	* Deutschland, Japan, Korea * Blau, Rot * Essen, Trinken * Häuschen, Mädchen, Fräulein * Gebirge, Gebäude * Geld, Astoria, (das heutige) Korea * Kabinett, Ventil, Drama, Konto, 　Dokument, Zentrum

* 총칭을 나타내는 단어들은 주로 중성명사이다.

  das Besteck(한 벌의 식사용 수저)   das Fahrzeug(차량)

  das Gemüse(채소)   das Obst(과일)

* 불특정한 것, 애매모호한 것을 나타내는 많은 단어들은 중성명사이다.

  das Ding(사물, 것)   das Element(원소)

  das Gebilde(구성물, 형성물)   das Gerät(도구, 집기)

* 복합명사는 그 단어의 끝 명사의 성을 따른다.

  das Flugzeug + der Lärm   => der Flugzeuglärm

  die Lebensmittel + das Geschäft => das Lebensmittelgeschäft

  der Export + die Abteilung   => die Exportabteilung

✍ 주어진 명사를 성에 따라 분류하시오.

Gold, Wind, Rose, Diamant, Brille, Donau, Kleinigkeit, Richtung, Nationalismus, Herbst, Motor, Morgen, Tanne, Orkan, Schwarz, Philosophie, Referat, Eitelkeit, Politik, Brot, Kino, Theater, Spezialist, Toleranz, Schweinerei, Kupfer, Bäcker, Ingenieur, Schnee, Mosel, Donnerstag, Nationalität, Funktion, Birke, Sturm Meteorologe, Lehrling, Regen, Mai, Polizist, Gesellschaft, Freiheit, Diskothek, Fräulein

der	die	das

✍ 서로 상응하는 명사끼리 연결하시오.

1. Auto	Deckel
2. Bahn	Fahrkarte
3. Blume	Kofferraum
4. Kaffee	Vase
5. Topf	Zucker
6. Fieber	Geländer
7. Schnee	Löffel
8. Suppe	Messer
9. Treppe	Skilift
10. Wurst	Thermometer
11. Fahrrad	Bier
12. Kneipe	Bühne
13. Tasche	Clown
14. Theater	Klingel
15. Zirkus	Leder
16. Disko	Koffer
17. Finanzamt	Musik
18. Gepäck	Stern
19. Himmel	Steuer
20. Zoo	Tiere

2. 명사의 성과 인칭대명사

der .... er	Der Mann wartet.	Der Zug kommt jetzt.
	Er wartet lang.	Er kommt aus Busan
die .... sie	Die Frau telefoniert.	Die Wohnung ist groß,
	Sie geht los.	aber sie ist billig.
das .... es	Das Kind spielt.	Das Auto ist alt,
	Es ist müde.	aber es funktioniert.

✍ 알맞은 인칭대명사를 넣으시오.

1. Das Schiff geht nach Japan. _____ ist sehr alt.

2. Maria spielt nicht, _____ arbeitet.

3. Die Arbeit macht Spaß, aber _____ ist anstrengend.

4. Herr Müller und Herr Kim fahren heute nach Berlin. _____ arbeiten dort.

5. Da kommt der Zug! _____ ist ganz neu.

6. Das Auto ist sehr teuer, aber _____ ist ganz klein.

7. Der Mann kommt aus Deutschland. _____ wohnt in Seoul.

8. Das Zimmer ist sehr klein, aber _____ ist sehr teuer.

III. 불규칙 동사 유형

lesen		
ich	lese	
du	**liest**	
er/ sie/ es	**liest**	das Buch.
wir	lesen	die Zeitung.
ihr	lest	
sie/ Sie	lesen	

* 독일어 동사들 중에서 인칭에 따라 불규칙하게 변하는 동사가 있다.
이 불규칙은 단지 단수 2인칭과 3인칭에만 해당된다.

	e -> ie	e -> i	a -> ä	!!!
	sehen	sprechen	fahren	nehmen
ich	sehe	spreche	fahre	nehme
du	**siehst**	**sprichst**	**fährst**	**nimmst**
er/ sie/ es	**sieht**	**spricht**	**fährt**	**nimmt**
wir	sehen	sprechen	fahren	nehmen
ihr	seht	sprecht	fahrt	nehmt
sie/ Sie	sehen	sprechen	fahren	nehmen
	lesen	essen	schlafen	
		geben	tragen	
		helfen		

IV. 불규칙 동사 연습하기

1. 주어진 인칭대명사와 주어진 동사와 짝을 맞추시오.

ihr, du, er, sie,
ich, wir, ihr, Sie

spreche wisst liest seht
nimmst weiß gibst sieht
nehme klingeln lauft geben
schläfst

Ich spreche.
Er sieht.

✍ 인칭대명사 du를 사용하여 의문문을 만드시오.

1. Arbeiten Sie viel?   <u>Arbeitest du viel?</u>
2. Sprechen Sie Deutsch?   _____?
3. Warten Sie schon lange?   _____?
4. Was lesen Sie?   _____?
5. Reisen Sie gerne?   _____?
6. Nehmen Sie Zucker?   _____?

✍ 주어진 동사를 사용하여 문장을 완성하시오.

Herr Kim_____(fliegen) nach Deutschland.

Das Flugzeug _____ (starten), es _____(fahren) los, es fliegt!

Yonghee _____ (lesen) das Buch.

Da _____(kommen) die Stewardess.

Sie _____(sprechen) nur Englisch.

Endlich. Das Essen.

Herr Kim _____(essen) nicht, er_____ (schlafen).

Aber Frau Kim und Younghee _____(essen).

Younghee _____ (fragen): Wie ist das Wetter in Deutschland?

Frau Kim _____(antworten): Younghee, ich_____(wissen) es nicht!

Nun _____ (sein) Herr Kim wach und er _____(essen) viel.

✍️ 주어진 동사를 사용하여 문장을 완성하시오.

1. Herr Müller _____ (fahren) nach Busan.

2. _____ (fahren) du auch nach Busan?

3. Er _____ (nehmen) den Zug in Seoul.

4. Der Zug _____ (halten) in Suwon.

5. Ich _____ (kaufen) eine Fahrkarte.

6. _____ (lesen) du auch eine Zeitung?

7. Nein, ich _____ (lesen) ein Buch.

8. Herr Meier _____ (nehmen) den Koffer und _____ (verlassen)
   den Bahnhof.

✏️ 주어진 문장을 해석한 후 속뜻을 적으시오.

Wissen ist Macht.

Aller Anfang ist schwer.

Die Zeit ist der beste Arzt.

Er macht lange Ohren.

Lektion *4* (vier)

I. 부정관사 1격과 4격

Hier wohnt ein Kind.

Er kauft einen Apfel.

II. 정관사 1격과 4격

Der Mann liebt eine Frau.

Sie liebt den Mann auch.

I. 부정관사 1격과 4격

1. 부정관사 1격과 4격의 유형

	남 성	중 성	여 성
1격	ein Wagen	ein Kind	eine Kirche
4격	einen Wagen	ein Kind	eine Kirche

* 독일어는 주로 수량을 표시하는 부정관사가 있다.
* 부정관사는 명사의 성과 격에 따라 정해진다.

1격 Nominativ	4격 Akkusativ
Da ist ein Wagen.	Wir sehen einen Wagen.
Da ist ein Kind.	Wir sehen ein Kind.
Da ist eine Kirche.	Wir sehen eine Kirche.
Ein Mann kommt jetzt.	Er kauft einen Wagen.
Ein Kind kommt jetzt.	Es bringt ein Buch.
Eine Frau kommt nicht.	Sie kauft eine Blume.

* 1격은 언제나 문장의 주어이다.
* 4격은 직접 목적어로서 동사의 영향을 받는다.

2. 부정관사 1격과 4격의 사용

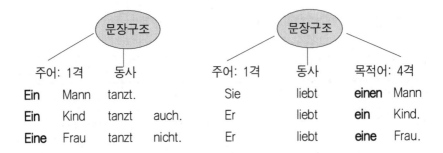

문장구조				문장구조		
주어: 1격	동사			주어: 1격	동사	목적어: 4격
Ein Mann	tanzt.			Sie	liebt	**einen** Mann
Ein Kind	tanzt	auch.		Er	liebt	**ein** Kind.
Eine Frau	tanzt	nicht.		Er	liebt	**eine** Frau.

시간을 표시할 때: **Einen** Moment, bitte!

Einen Augenblick, bitte!

Er ist schon **einen** Monat hier.

Er telefoniert **eine** Stunde lang.

* 부정관사를 사용하는 경우	
Hier wohnt **eine** Frau.	새로운(불확실한) 사람을 나타낼 때
Er hat **ein** Auto.	새로운(불확실한) 사물을 나타낼 때
Seoul ist **eine** Stadt.	정의를 내릴 때
Er kauft **einen** Apfel und **einen** Rettich.	수량을 나타낼 때

✍ 알맞은 부정관사를 넣어 빈칸을 채우시오.

1. Ich habe _____ Buch.

2. Er kauft heute _____ Auto.

3. Frau Meier hat _____ Sohn und _____ Tochter.

4. Herr Kim hat _____ Freundin.

5. Habt ihr _____ Füller?

6. Herr Kim ist reich. Er hat _____ Kamera, _____ Auto,

   _____ Job und _____ Haus.

✍ 알맞은 부정관사를 넣어 문장을 완성하시오.

1. Wir haben heute	ein	Taxi. Bus.
2. Er macht oft		Idee. Chance
3. Dort oben ist	eine	Apfel. Birne.
4. Hoffentlich findest du bald	einen	Wohnung. Zimmer.
5. Wir suchen		Fehler. Party.
6. Er isst gern		Frisör. Buch.

1. Wir haben heute eine Party.
2. Er macht oft _____.
3. Dort oben ist _____.
4. Hoffentlich findest du bald _____.
5. Wir suchen _____.
6. Er isst gern _____.

✍ 부정관사를 넣어 대화를 완성하시오.

1. Kellner: Sie wünschen, bitte!
2. Frau Meier: Ich möchte gern _____ Tee und _____ Stück
               Kuchen, bitte!
3. Herr Meier: Und ich möchte _____ Schnitzel und _____
               Apfelsaft!
4. Klaus: Ich möchte _____ Wurst und _____ Cola!
5. Kellner: Danke!

II. 정관사 1격과 4격

1. 정관사 1격과 4격의 유형

	단 수(Singular)			복 수(Plural)
	남 성	중 성	여 성	
1 격	der Mann	das Kind	die Frau	die Männer Kinder Frauen
4 격	den Mann	das Kind	die Frau	die Männer Kinder Frauen

1격 Nominativ	4격 Akkusativ
Der Mann fragt.	Du kaufst den Wagen.
Das Kind spielt.	Wir sehen das Kind.
Die Frau singt.	Er liebt die Frau.
Die Eltern lachen.	Wir sehen die Frauen.

2. 정관사 1격과 4격의 사용

* 정관사를 사용하는 경우

    Hier wohnt ein Mann. Der Mann kauft...

    Ich habe ein Auto.   Das Auto ist sehr teuer.

    Sehen Sie den Mann in Uniform!

    Wo wohnt der Bundeskanzler?

    Wo ist die Donau?

    이미 소개된 표현을 다시 가리킬 때.

    우주의 유일한 자연대상, 강, 바다, 산, 별 등의 명칭에 사용

    남성, 여성, 복수의 지명과 중성지명 앞에 형용사가 있는 경우.

* **관사 없이 사용하는 경우**

Er ist Lehrer / Arzt / Musiker.

Er ist Deutscher / Koreaner / Japaner.

Das ist Herr Kim / Frau Schmidt.

✍ 알맞은 정관사를 넣으시오.

1. _____ Hund ist klein.

2. _____ Baby ist hübsch.

3. _____ Zimmer ist groß.

4. _____ Bad ist klein.

5. _____ Fernseher ist sehr alt.

6. _____ Autos sind sehr groß.

✍ 4격 정관사를 표시하시오.

1. Der Hund beißt <u>den Mann.</u>

2. Die Frau liebt der Mann sehr.

3. Das Kind begrüßt den Onkel.

4. Das Land in Europa kennt die Frau gut.

5. Der Junge kennt die Frau gut.

6. Den Mann sieht die Frau nicht.

✍ 알맞은 직업을 제시하시오.

1. Herr Kim unterrichtet Mathematik in der Schule. Er ist _____.

2. Younghee studiert noch Germanistik. Sie ist _____.

3. Herr Bauer lehrt an der Universität. Er ist _____.

4. Christiane malt sehr oft. Sie ist _____.

5. Herr Müller untersucht einen Patienten. Er ist _____.

3. 1격과 4격을 필요로 하는 의문사

1 격	4 격
Wer lernt Deutsch? **Die** Frau lernt.	**Wen** liebt er? Er liebt **die Frau.**
Was ist dort? **Der** Fernseher	**Was** sieht er? Er sieht **den Fernseher.**
Was ist dort? **Das** Buch	**Was** kauft er? Er kauft **das Buch.**

✍ Wer, Wen 또는 Was를 넣으시오.

1. _____ sagt das? (Vater)　　　Der Vater sagt das.

2. _____ kauft er? (Radio)　　　Er kauft ein Radio.

3. _____ liebt sie? (Mutter)　　　Sie liebt die Mutter.

4. _____ sucht er? (Buch)　　　Er sucht das Buch.

5. _____ sucht er? (Freundin)　Er sucht eine Freundin.

6. _____ wohnt hier? (Onkel)　　Der Onkel wohnt hier.

7. _____ lernst du hier?　　　Ich lerne Deutsch.

8. _____ machen Sie hier?　　　Ich spiele Klavier.

✐ 주어진 문장을 해석한 후 속뜻을 적으시오.

Die Zeit heilt alle Wunden.

Lügen haben kurze Beine.

Lektion 5 (fünf)

I. 명사 복수형

1. 복수형 만드는 규칙

형 태	단 수		복 수
축소형 명사 또는 -en, -el, -er로 끝나는 명사: => 단수, 복수 동일	das	Kindlein	die Kindlein
	das	Stückchen	die Stückchen
	das	Leben	
	der	Zettel	
	der	Zettel	
많은 외래어 명사: => 단수형 + s	der	Chef	die Chefs
	die	E-Mail	
	das	Taxi	
-e로 끝나는 여성명사: => 단수형 + n	die	Farbe	die Farben
	die	Blume	
대부분의 여성명사: => 단수형 + en	die	Lehrerin(+n)	die Lehrerinnen
	die	Frau	
	die	Einheit	
	die	Liebschaft	
	die	Reaktion	
	die	Übung	
1음절의 중성명사, 일부 남성명사: => 단수형 + ¨er	das	Haus	die Häuser
	das	Wort	
	das	Bild	
	der	Mann	
1음절의 남성명사, 중성명사와 약간의 여성명사: => 단수형 + ¨e	das	Schiff	die Schiffe
	der	Baum	die Bäume
	die	Stadt	die Städte

* das Museum - die Museen, das Thema - die Themen,
  die Firma - die Firmen
  das Lexikon - die Lexika, das Praktikum - die Pratika

2. 단수로만 사용하는 명사

추상명사	das Alter, der Durst, das Eigentum, die Erziehung, das Geld, die Gesundheit, die Gewalt, das Glück, der Hunger, die Jugend, die Kommunikation, die Musik, die Ordnung, der Spaß, der Stress, der Sport, die Umwelt, der Unterricht, der Urlaub, der Verkehr, das Vertrauen, das Wetter
물질명사	die Butter, der Essig, das Fleisch, das Gemüse, das Gold, der Kaffee, die Milch, der Nebel, das Obst, der Regen, der Reis, der Schnee, der Strom, der Tee,
집합명사	die Bevölkerung, das Gepäck, das Geschirr, das Getreide, die Polizei, das Publikum
척도와 규격	3 Kilo Kartoffeln, 10 Pfund Äpfel, 30 Euro 예외) 10 Tonnen
파생명사(동사)	das Wandern, das Suchen, das Sprechen, das Essen

3. 복수로만 사용하는 명사

일부지명	die USA, die Niederlande, die Alpen, die Anden
사람집단	die Eltern, die Leute, die Geschwister
몇몇 중요 명사	die Ferien, die Finanzen, die Flitterwochen, die Jeans, die Kenntnisse, die Kosten, die Lebensmittel, die Papiere, die Personalien, die Spirituosen, die Texitilien

✍ 주어진 명사의 복수형을 적으시오.

1. Er hat zwei _____ (der Koffer).
2. Die Studenten lesen _____ (das Buch).
3. Ihr kauft drei _____ (der Apfel).
4. Ich habe drei _____ (die Stunde).
5. Du siehst die _____ (die Frau).

✍ 주어진 복수형 명사의 단수형과 성 그리고 뜻을 쓰시오.

1. die Bücher - das Buch (책)
2. die Tanten -
3. die Schwestern -
4. die Töchter -
5. die Bilder -
6. die Onkel -
7. die Menschen -
8. die Wände -
9. die Brüder -

✐ 다음 문장을 번역하시오.

Zwei Schulfreundinnen treffen sich nach vielen Jahren wieder.
„Wie schön, dich zu sehen, wie geht es dir, was machst du?"
fragte die eine.
„Ach, mir geht es gut. Ich bin schon lange beim Theater."
„Und was machst du da?"
„Ich verteile Rollen."
„Mensch, das ist doch sicher unheimlich schwer?"
„Nein, eigentlich gar nicht. Auf jede Toilette eine."

II. 수 익히기

1. 일반적인 수

0 - 9	10 - 19	20 - 29	30 - 90
0 null	10 zehn	20 zwanzig	
1 eins	11 elf	21 einundzwanzig	
2 zwei	12 zwölf	22 zweiundzwanzig	
3 drei	13 dreizehn	23 dreiundzwanzig	30 dreißig
4 vier	14 vierzehn	24 vierundzwanzig	40 vierzig
5 fünf	15 fünfzehn	25 fünfundzwanzig	50 fünfzig
6 sechs	16 sechzehn	26 sechsundzwanzig	60 sechzig
7 sieben	17 siebzehn	27 siebenundzwanzig	70 siebzig
8 acht	18 achtzehn	28 achtundzwanzig	80 achtzig
9 neun	19 neunzehn	29 neunundzwanzig	90 neunzig

* 수 1은 eins로 읽는다. 명사와 결합할 경우 ein Baum, eine Blume로 한다.
* 25인 경우 fünfundzwanzig

100 - 900	1.000 - 1.000.000
100 (ein)hundert	1.000 (ein)tausend
200 zweihundert	2.000 zweitausend
300 dreihundert	3.000 dreitausend
400 vierhundert	10.000 zehntausend
500 fünfhundert	11.000 elftausend
600 sechshundert	20.000 zwanzigtausend
700 siebenhundert	100.000 hunderttausend
800 achthundert	200.000 zweihunderttausend
900 neunhundert	1.000.000 eine Million

* 연결하여 읽기

210 zweihundert(und)zehn
1.645 (ein)tausendsechshundertfünfundvierzig
12.315 zwölftausenddreihundertfünfzehn
420.933 vierhundertzwanzigtausend(und)neunhundertdreiunddreißig
1.300.000 eine Miillion dreihunderttausend

* 1989를 표현할 때

=> 전화번호를 표시할 경우: neunzehn neunundachtzig
=> 연도를 표시할 경우: neuzehnhundertneunundachtzig
=> 금액을 표시할 경우: eintausendneunhundertneunundachtzig

2. 연산 용어

3 + 4 = 7	Drei plus vier ist(gleich) sieben. (addieren)
3 × 4 = 12	Drei mal vier ist(gleich) zwölf. (multiplizieren)
8 − 5 = 3	Acht minus fünf ist(gleich) drei. (subtrahieren)
12 ÷ 3 = 4	Zwölf durch drei ist(gleich) vier. (dividieren)
0,5 ; 1,7	null Komma fünf; eins Komma sieben.
⅓ ; ⅕	ein Drittel; ein Fünftel
1½ ; 2½	eineinhalb ; zweieinhalb

✍ 다음 수를 적으시오.

1. 25 <u>fünfundzwanzig</u>
2. 28 _____
3. 45 _____
4. 57 _____

5. 69 _____

6. 78 _____

7. 32 _____

8. 19 _____

9. 84 _____

✍ 다음과 같은 방식으로 자신의 전화번호를 말해보시오.

Wie ist deine / Ihre Telefonnummer?

=> 010 - 4312 - 8765

 null eins null - vier drei eins zwei - acht sieben sechs fünf

=> 010 - 9876 - 4321

_____

III. 시간과 용량 단위

1. 시간

시 간	일상적 표현	공식적 표현(라디오 또는 T.V.)
	(Es ist)	(Es ist)
9 시	neun Uhr	neun Uhr
9 시 10 분	zehn **nach** neun	neun Uhr zehn
9 시 15 분	Viertel **nach** neun /	neun Uhr fünfzehn
	fünfzehn (Minuten) **nach** neun	
9 시 20 분	zwanzig **nach** neun	neun Uhr zwanzig
9 시 30 분	**halb** zehn	neun Uhr dreißig
9 시 35 분	fünf **nach** halb zehn	neun Uhr fünfunddreißig
9 시 45 분	Viertel **vor** zehn /	neun Uhr fünfundvierzig
	fünfzehn (Minuten) **vor** zehn	

Wie spät ist es? / Wie viel Uhr ist es?
=> (Es ist) drei (Uhr).

* 시간을 물어보는 의문사 및 이에 대한 대답

Wann fahren Sie nach Inchon?　　**Gegen** 9 Uhr fahre ich.

Um wieviel Uhr beginnt der Unterricht?　**Um** 15 Uhr 40.

Wie lange bleiben Sie dort?　　Ich bleibe **von** Dienstag **bis** Mittwoch.

Bis wann arbeitest du hier?　　Ich arbeite **bis** 11 Uhr.

Wie oft fahren Züge?　　**Alle** zehn Minuten.

100%				0%
jedesmal		oft	manchmal	niemals
	fast immer meistens	öfters	selten	fast nie
immer		häufig	ab und zu	nie

immer	Er ist *immer* fröhlich.
jedesmal	Wenn ich in Heidelberg bin, gehe ich *jedesmal* zum Schloss
meistens	Am Morgen trinke ich *meistens* Kaffee.
oft—häufig	Wir trinken Bier sehr *oft!*
öfters	Das ist ein gutes Geschäft. Wir haben schon *öfters* hier eingekauft.
manchmal — ab und zu	Besuchst du deine Eltern oft? Nein, nur *ab und zu* am Sonntag.
selten	Ich war *selten* so glücklich wie an diesem Tag!
nie — niemals	Ich war noch *nie* in Japan.

✍ Wie viel Uhr ist es?

1. 5시 10분 : (Es ist) fünf Uhr zehn. / zehn nach fünf.
2. 3시 30분 : _____
3. 4시 25분 : _____
4. 6시 45분 : _____
5. 7시 50분 : _____
6. 12시 20분 : _____

✍ 아래 문장을 읽고 해석하시오.

1. Der Kuckuck ruft oft schon um vier (Minuten) vor elf.

   _____

2. Er telefoniert immer um drei Uhr.

   _____

3. Das Fußballspiel beginnt um halb drei.

   _____

4. Um Viertel nach sechs ist es zu Ende.

   _____

5. Wir essen immer gegen drei Uhr zwanzig.

   _____

✍ 알맞은 빈도 표현을 골라 문장에 넣으시오.

oft, immer, manchmal, selten, meistens, mehrmals, nie, regelmäßig

1. Wie __oft__ fahren Sie nach Hambug?
2. Fast _____ kommt etwas dazwischen, wenn ich ins Kino gehen will!
3. Manchmal komme ich zu spät zur Arbeit, aber das ist sehr _____.
4. Ich habe _____ gute Laune, weil ich ein optimischer Mensch bin.
5. Er muss mehrmals am Tag seine Medizin einnehmen.
6. _____ wieder verbringe ich meinen Sommerurlaub an der Küste.
   Wir hatten die ganze Zeit Regen.
7. Ich treibe _____ jede Woche Sport, weil ich viel Bewegung brauche.

2. 용량 및 화폐 단위

단 위	표 현
1 Pfd	ein Pfund
15⁰	fünfzehn Grad(Celsius)
-5⁰	minus fünf Grad / fünf Grad unter Null
€11	elf Euro
€4,22	vier Euro zweiundzwanzig(Cent)

단 위	표 현
1 mm	ein Milimeter
1 cm	ein Zentimeter
1 m	ein Meter
1,30cm	ein Meter dreißig
1 km	ein Kilometer
60 km/h	sechzig Stundenkilometer / sechzig Kilometer pro Stunde
1 m²	ein Quadratmeter
10 g	zehn Gramm
10 kg	zehn Kilo(gramm)

✍ 아래 문장을 상대방과 함께 읽고 단위를 쓰시오.

Heute haben wir Besuch und brauchen folgendes:

Zwei Kilogramm Kartoffeln, zweieinhalb Pfund Karotten,

drei Liter Milch, ein Pfund Butter, zweihundert Gramm Käse,

sechzig Gramm Oliven und ein Liter Salatöl.

=> 2 kg Kartoffeln...

3. 요일, 월, 계절

요일	Sonntag	일	Donnerstag	목
	Montag	월	Freitag	금
	Dienstag	화	Samstag	토
	Mittwoch	수	(Sonnabend)	(토)
월	Januar	1월	Juli	7월
	Februar	2월	August	8월
	März	3월	September	9월
	April	4월	Oktober	10월
	Mai	5월	November	11월
	Juni	6월	Dezember	12월
계절	Frühling	봄		
	Sommer	여름		
	Herbst	가을		
	Winter	겨울		

* 요일, 월 및 계절을 나타내는 모든 명사의 성은 남성.
* 월요일에 **Am** Montag fahre ich nach Heidelberg.
　1월에　　**Im** Januar fliegen wir nach Amerika.
　봄에　　 **Im** Frühling studieren wir in Deutschland.

요일명	요일에	요일마다
Montag	am Montag	montags jeden Montag immer am Montag
Mittwoch	am Mittwoch	mittwochs jeden Mittwoch immer am Mittwoch

✍ 알맞은 정관사와 시간을 나타내는 명사를 골라 넣으시오.

Minuten, Sekunden, Stunden, Tage, Jahre, Wochen, Monate, Tage

1. <u>Das</u> Jahrzehnt hat 10 <u>Jahre</u>.
2. _____ Jahr hat 12 _____.
3. _____ Monat hat 4 _____.
4. _____ Woche hat 7 _____.
5. _____ Wochenende hat 2 _____.
6. _____ Tag hat 24 _____.
7. _____ Stunde _____.
8. _____ Minute hat 60 _____.

✍ 날씨와 관련된 표현에 대해 짝을 맞추시오.

1. der Hagel	a) Es ist blitzt und donnert.
2. der Nebel	b) Es ist kalt.
3. der Regen	c) Es ist neblig.
4. der Schnee	d) Es ist windig.
5. der Wind	e) Es regnet.
6. das Gewitter	f) Es hagelt.
7. die Kälte	g) Es schneit, alles ist weiß.
8. die Sonne	h) Die Sonne scheint.

✍ 알맞은 계절명을 넣으시오.

1. Der _____ bringt Schnee.
2. Der _____ bringt die Trauben.
3. Der _____ bringt Blumen.
4. Der _____ bringt Klee.

✐ 주어진 문장을 해석한 후 속뜻을 적으시오.

Viele Köche verderben den Brei.

Kleine Bäche machen große Flüsse.

Zwei Köpfe denken mehr als einer.

Lektion *6* (sechs)

I. 3격 지배동사와 3 · 4격 지배동사

1. 3격(Dativ) 지배동사의 유형

3격(~에게)을 필요로 하는 동사
Er **zeigt dem Freund** das Haus.
Der Schüler **gibt dem Lehrer** ein Buch.
Der Briefträger **gibt dem Mann** einen Brief.
Die Verkäuferin **zeigt den Frauen** die Frühjahrsmode.
Wir **schenken den Frauen** oft Blumen zum Geburtstag.

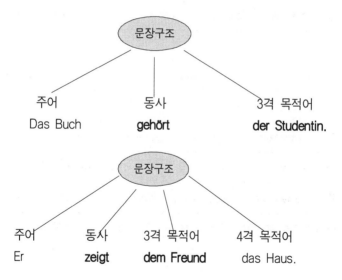

주어	동사	3격 목적어
Das Buch	**gehört**	**der Studentin.**

주어	동사	3격 목적어	4격 목적어
Er	**zeigt**	**dem Freund**	das Haus.

* 이러한 구조를 갖는 대표적인 동사들:
  antworten, danken, gehören, raten, schmecken
  begegnen, folgen, glauben, gratulieren, helfen

* 의문사 wem(누구에게)? 용례.

Wem gehört das Auto?   Das Auto(Es) gehört **dem** Lehrer.
Wem gehört der Mantel?   Der Mantel(Er) gehört **dem** Kind.
Wem gehört die Uhr?   Die Uhr(Sie) gehört **der** Frau.

2. 정관사 3격과 부정관사 3격

	단 수(Singular)			복 수(Plural)		
	남 성	중 성	여 성			
1 격	der Mann	das Kind	die Frau	die Männer	Kinder	Frauen
4 격	den Mann	das Kind	die Frau	die Männer	Kinder	Frauen
3 격	**dem** Mann	**dem** Kind	**der** Frau	**den** Männern	Kindern	Frauen

	단 수(Singular)			복 수(Plural)		
	남 성	중 성	여 성			
1 격	ein Mann	ein Kind	eine Frau	Männer	Kinder	Frauen
4 격	einen Mann	ein Kind	eine Frau	Männer	Kinder	Frauen
3 격	**einem** Mann	**einem** Kind	**einer** Frau	Männern	Kindern	Frauen

* 정관사 3격과 부정관사 3격 역시 명사의 성에 따라 정해진다.

✍ 알맞은 3격 정관사를 넣으시오.

1. Gehört der Mantel _____ Frau?   Nein, er gehört _____ Mann.
2. Gehört das Buch _____ Mann?   Nein, es gehört _____ Studentin.
3. Gehört der Füller _____ Schüler?   Nein, er gehört _____ Lehrer.
4. Gehört das Auto _____ Kind?   Nein, es gehört _____ Frau.
5. Gehört die Uhr _____ Studenten?   Nein, sie gehört _____ Professor.

✍ 3격을 나타내는 명사를 표시하시오.

1. Der Mann schreibt der Freundin einen Brief.
2. Dem Freund schreibt sie nie einen Brief.
3. Heute schickt er der Mutter ein Packet zum Muttertag.
4. Der Lehrer zeigt dem Mann das Auto.
5. Gern zeigen die Leute den Touristen den Weg.
6. Der Frau schmeckt der Reis nicht.

✍ 아래의 물건을 주어진 사람에게 선물하시오.

선물 받을 사람	물 건
der Onkel, die Tante der Vater, die Mutter die Schwester, der Bruder	die Kamera, die Krawatte, das Buch, die Uhr, das Auto, der Tisch, der Computer, der Mantel, der Hut

1. Er schenkt dem Vater eine Krawatte.
2. Er schenkt _____ _____.
3. Er schenkt _____ _____.
4. Er schenkt _____ _____.
5. Er schenkt _____ _____.

6. Er schenkt _____ _____.

7. Er schenkt _____ _____.

8. Er schenkt _____ _____.

9. Er schenkt _____ _____.

II. 3격과 4격 인칭대명사

1. 3격과 4격 인칭대명사 형태

1격	3격	4격
ich du er	Der Wagen gehört **mir**. Die Uhr gehört **dir**. Die Kamera gefällt **ihm**.	Die Studentin liebt **mich**. Wir besuchen **dich** morgen. Die Frau besucht **ihn** jeden Tag.
sie es	Die CD gefällt **ihr**. Der Ball gefällt **ihm**.	Der Student liebt **sie**. Sie sucht das Geld. Er hat **es**.
wir ihr	Die Uhr gehört **uns**. Die Wohnung gehört **euch**.	Der Lehrer besucht **uns** morgen. Die Lehrerin besucht **euch** am Montag.
sie Sie	Die Bücher gehören **ihnen**. Das Geld gehört **Ihnen**.	Wir besuchen **sie** am Sonntag. Ich besuche **Sie** heute.

2. 3격과 4격 인칭대명사 위치

Wir	geben	dem Mann	das Buch	heute.
Wir	geben	**ihm**	das Buch	heute.
Wir	geben	**es**	dem Mann	heute.
Wir	geben	**es**	**ihm**	heute.

Er	empfiehlt	der Freundin	ein Restaurant.
Er	empfiehlt	**ihr**	ein Restaurant.
Er	empfiehlt	**es**	der Freundin.
Er	empfiehlt	**es**	**ihr.**

* 문장 내 어순은 일반명사보다 인칭대명사가 먼저 위치한다.
* 인칭대명사가 두 개인 경우 4격 먼저 위치한다.

✍ 알맞은 인칭대명사를 넣으시오.

1. Er antwortet _____ (ich) sehr langsam.
2. Ich begegne auf der Straße _____ (der Lehrer).
3. Er dankt _____ (sie) herzlich für die Einladung.
4. Der Jäger folgt _____ (das Wildschwein).
5. Die Sache gefällt _____ (er) nicht.
6. Das Haus gehört _____ (der Vater).
7. Du gibst _____ (er) einen Mantel.
8. Ich gratuliere _____ (Sie) herzlich zum Geburtstag.
9. Die Mutter hilft _____ (die Lehrerin).
10. Der Lärm schadet _____ (die Gesundheit).
11. Schokoladeneis schmeckt _____ (die Kinder).
12. Wen fragen Sie? Ich frage _____ (der Lehrer).
13. Wem gehört das Fahrrad? Das Fahrrad gehört _____ (wir).
14. Wem helfen Sie? Ich helfe _____ (sie).

✍ 알맞은 표현을 고르시오.

1. Die Blumen sind sehr schön!
2. Das Auto fährt zu schnell.
3. Ich weiß die Antwort nicht.
4. Das Fenster ist kaputt.

a) Mir ist schlecht.
b) Das ist mir peinlich.
c) Mir ist kalt.
d) Ich danke dir.

✍ 알맞은 인칭대명사를 넣으시오.

1. Herr Schmidt reist viel. Er ist jetzt in Paris.
2. Der Film ist sehr interessant. Wir sehen _____ heute.
3. Ich begegne einer Dame im Park. Woher kommt _____ ?
4. Die Schüler bitten den Lehrer. Er hilft gerne _____.
5. Der Computer ist kaputt. Der Lehrer repariert _____ heute.
6. Hallo! Wie geht es _____ (du)? Danke! Ganz gut.
   Und _____ ?

✍ 3격과 4격을 나타내는 명사를 찾아 인칭대명사로 바꾸어 표현하시오.

1. Der Mann schreibt der Freundin einen Brief.
   => Der Mann schreibt ihr einen Brief
   => Der Mann schreibt ihn der Freundin.
   => Der Mann schreibt ihn ihr.
2. Die Frau schenkt dem Freund eine Uhr.
   =>
   =>
   =>
3. Heute schickt er der Mutter ein Packet zum Muttertag.
   =>
   =>
   =>

4. Der Lehrer zeigt dem Mann das Auto.
   =>
   =>
   =>
5. Die Leute zeigen den Touristen den Weg.
   =>
   =>
   =>
6. Sie kauft der Tochter ein Buch.
   =>
   =>
   =>

✍ 주어진 단어들을 사용하여 문장을 완성하시오.

1. geben, die Großmutter, ein Stück Schokolade, ich
   =>
2. ich, der Freund, zeigen, das Auto
   =>
3. zu Weihnachten, ein Buch, schenken, er, sie
   =>
4. morgen, sie, ich, bringen, der Computer
   =>
5. kochen, ich, die Nachbarin, sonntags oft, eine Suppe
   =>

✎ 주어진 문장을 해석한 후 속뜻을 적으시오.

Alte Liebe rostet nicht.

Am Abend wird der Faule fleißig.

Hunger ist der beste Koch.

Lektion 7 (sieben)

I. 분리 동사

Er ruft mich an.

II. 명령형

Komm schnell!

I. 분리 동사

1. 분리 동사의 사용

동사 부정형	문장에서의 위치
abfahren	Der Bus **fährt** um 9 Uhr **ab**.
ankommen	Der Zug **kommt** gegen 11 Uhr **an**.
anrufen	Der Lehrer **ruft** mich heute **an**.
anfangen	Der Unterricht **fängt** schon **an**.
mitnehmen	Wir **nehmen** einen Regenschirm **mit**.
einpacken	Er **packt** alles **ein**.

* 독일어 동사 중에는 분리되어 사용되는 동사가 있다.

* 부정형 앞부분(분리전철)은 문장 맨 뒤에 위치한다.

분리 동사를 문장에 알맞게 사용하시오.

1. Er (mitkommen) gern ins Theater.

   => Er kommt gern ins Theater mit.

2. Der Lehrer (vorhaben) heute Abend etwas.

   =>

3. Um 11 Uhr (ankommen) der Zug.

   =>

4. Er (zurückfahren) gegen 3 Uhr wieder.

   =>

5. Die Tante (einladen) uns.

   =>

6. Herr Kim (fernsehen) heute Abend.

   =>

7. Die Leute (aussteigen) hier.

=>

8. Der Junge (aufmachen) das Fenster.

=>

9. Die Frau (zumachen) die Tür.

=>

✏ 다음 문장을 번역하시오.

Der Lehrer fragt seine Klasse:

„Und wie stellt ihr euch die ideale Schule vor?"

„Geschlossen!" kommt es im Chor zurück.

✏ 다음 문장을 번역하시오.

Bollmann liegt auf dem Operationstisch.

„Bereiten Sie bitte die Instrumente vor", sagt der Chirurg zur Schwester.

Springt Bollmann auf und schreit:

„Das ist doch nicht zu glauben! Ich liege hier todkrank und Sie wollen Musik machen!"

* 의문문에서 분리 동사의 사용 위치

Ich	**steige**	hier	**aus.**	
Steigen	Sie	hier	**aus?**	Ja. Ich steige hier aus.
Wo	**steigen**	Sie	**aus?**	Ich steige in Berlin aus.

✍ 주어진 단어를 사용하여 문장을 만드시오.

1. wer, die Tür, aufmachen

=> Wer macht die Tür auf?

2. ich, hineinlegen, die Wäsche

=>

3. er, das Fenster, zumachen

=>

4. wo, ich, das Waschpulver, einfüllen

=>

5. ich, den Wasserhahn aufdrehen

=>

6. wann, er, aufstehen

=>

2. 그 밖의 분리 동사 유형

Ich **gehe** jetzt **spazieren**. Kommst du mit? (spazieren gehen)

Ich **sehe** immer **fern**. (fernsehen)

Heute spielen die Berliner Philharmoniker. **Gehen** wir **hin**? (hingehen)

Wo **findet** das Spiel denn **statt**? (stattfinden)

Wir **lernen** die Schweiz **kennen**. (kennen lernen)

Im Winter **fahren** wir **Schi**. (Schi fahren)

Im Sommer **geht** man **baden**. (baden gehen)

✍ 분리 동사를 표시한 후 뜻을 쓰시오.

Heute <u>räumen</u> wir mal <u>auf</u>. Die Wohnung sieht chaotisch aus!

Wie fangen wir nur an?

Vielleicht waschen wir zuerst das Geschirr ab.

Dann putzen wir die Fenster.

Da klingelt das Telefon. Wer ruft denn jetzt an?

Da hört das Klingeln wieder auf.

Am Schluss sind wir sehr müde.

✍ 분리전철 hin 또는 her를 넣으시오.

1. Schau mal _____, bin ich nicht schick?
2. Kommen Sie bitte _____ und unterschreiben Sie das!
3. Heute ist ein Fest im Park – gehen wir _____?
4. Der Film ist sehr brutal, ich gucke lieber nicht _____.
5. Geben Sie das Buch mal _____, es gehört mir!

✍ 1번과 같이 의문문을 만드시오.

1. früh einschlafen
   => Schläfst du früh ein?
2. immer fernsehen
   =>
3. Freunde anrufen
   =>
4. viel einkaufen
   =>
5. spät aufstehen
   =>
6. jeden Tag ausgehen
   =>

✍ 주어진 단어를 사용하여 문장을 만드시오.

1. abfahren, Zug, Seoul, 14.40 Uhr.
   =>
2. ankommen, Herr Kim, pünktlich, Busan.
   =>
3. aussteigen, Herr Müller, und, kaufen, Zeitung.
   =>

4. ankommen, Bus, Seoul, und, aussteigen, mein Freund.

=>

5. wiederholen, der Lehrer, Aufgabe.

=>

6. verlassen, mein Vater, Bahnhof.

=>

7. beginnen, Herr Kim, seine Reise, Heidelberg.

=>

II. 명령형

1. 명령형의 일반적 유형

명령형의 유형
1) du에 대한 명령형: Peter, **komm** bitte!   **Geh** nach Hause!   2) ihr에 대한 명령형: Inge und Paul, **kommt** herein!   **Nehmt** das Taxi!   3) Sie에 대한 명령형: Herr Schimdt, **kommen Sie** herein!   Herr und Frau Müller, **kommen Sie** bitte!

* du에 대한 명령형인 경우 현재인칭어미 -st를 사용하지 않고 어간만 사용
* ihr에 대한 명령형인 경우 현재인칭변화 형태를 그대로 사용
* Sie에 대한 명령형인 경우 반드시 인칭대명사를 사용: Kommen Sie!
* bitte 또는 mal! 함께 사용

Komm bitte!

Lesen Sie mal vor!

Hört mal zu, das ist wichtig!

Sprechen Sie bitte langsam!

Nehmen Sie bitte Platz!

2. 불규칙 동사에 대한 명령형

유 형	실 례	동 사
arbeiten	du arbeitest => Arbeite! ihr arbeitet => Arbeitet! Sie arbeiten => Arbeiten Sie!	Finde! Findet! Finden Sie! warten, öffnen, atmen,..
e -> i e -> ie	du sprichst => Sprich! ihr sprecht => Sprecht! Sie sprechen => Sprechen Sie!	Lies! Nimm! Lest! Nehmt! Lesen Sie Nehmen Sie! geben, essen, helfen, sehen..
예외	du fährst => Fahr! ihr fahrt => Fahrt! Sie fahren => Fahren Sie!	Lauf! Lauft! Laufen Sie! schlafen, halten,...

sein 동사의 명령형
Du bist faul. => **Sei** fleißig! Ihr seid faul. => **Seid** fleißig! Sie sind faul. => **Seien** Sie fleißig!

✍ du에 대한 명령형으로 만드시오.

1. Sprechen Sie bitte langsam!
   => Sprich bitte langsam!
2. Wiederholen Sie das bitte!
   =>
3. Erklären Sie das bitte!
   =>

4. Hören Sie genau zu!

=>

✍ du, ihr 그리고 Sie에 대한 명령형으로 만드시오.

1. Er bestellt dem Gast ein Taxi.
   => Bestellen Sie mir bitte ein Taxi!
   => Bestellt mir bitte ein Taxi!
   => Bestell mir bitte ein Taxi!
2. Er weckt den Gast um sieben Uhr.
   =>
   =>
   =>
3. Er schickt dem Gast das Frühstück.
   =>
   =>
   =>
4. Er schreibt die Rechnung.
   =>
   =>
   =>

✍ 명령문을 만드시오.

1. (Sie; warten)
   => Warten Sie bitte! Ich komme gleich!
2. (du; nicht so lange arbeiten)
   =>_____, es ist Freitag!
3. (du; etwas Geduld haben)
   =>_____, wir sind gleich fertig.
4. (ihr; pünktlich sein)
   =>_____, wir sind so pedantisch!

✐ 다음 문장을 번역하시오.

„Stopp, hier ist der Zoll. Öffnen Sie bitte Ihren Koffer!"
„Aber ich habe doch gar keinen Koffer!"
„Ganz egal. Vorschrift ist Vorschrift."

✐ 주어진 문장을 해석한 후 속뜻을 적으시오.

Spare in der Zeit, dann hast du in der Not.
Einem geschenkten Gaul schaut man nicht ins Maul.
Vier Augen sehen mehr als zwei.

Lektion 8 (acht)

I. nicht의 용례

Wir	geben	das Buch	**nicht.**	
Wir	brauchen	das Buch jetzt	**nicht.**	
Wir	rufen	sie heute	**nicht**	an.
Er	ist	wirklich	**nicht**	mein Bruder.
Der Bus	fährt	heute	**nicht**	schnell.
Das Flugzeug	kommt	sicher	**nicht**	aus Frankfurt.
Der Film	ist	gar	**nicht**	gut.
Herr Kim	ist		**nicht**	da.

* 문장 전체를 부정할 경우 nicht는 문장 끝에 놓인다.
* nicht는 부정하고자 하는 단어 또는 대상 앞에 놓인다.
* 몇몇 문장 성분은 언제나 nicht 다음에 온다.

🖎 아래 문장을 부정문으로 만드시오.

1. Sie kommt heute.
   => Sie kommt heute nicht.
2. Er kennt mich.
   =>
3. Das Haus gefällt mir gut.
   =>
4. Das ist nett von Ihnen!
   =>
5. Der Vater bleibt hier.
   =>

* nicht가 있는 의문문에 대한 답변: ja-nein-doch

긍정의문문에 대한 답변	부정의문문에 대한 답변
Sind Sie müde?	Sind Sie nicht müde?
Ja, ich bin müde.	**Doch,** ich bin müde.
Nein, ich bin nicht müde.	**Nein,** ich bin nicht müde.
Gehst du heute zur Uni?	Gehst du heute nicht zur Uni?
Ja, klar gehe ich.	**Doch,** natürlich gehe ich!
Nein, heute gehe ich nicht.	**Nein,** heute gehe ich nicht.

✍ 알맞은 대답과 질문을 하시오.

1. Hören Sie nicht gut?

   => Doch, ich höre gut.

2. Kommen Sie heute nicht?

   =>

3. Fahren Sie nicht gern Auto?

   =>

4. Kommen Sie nicht mit?

   =>

5. =>   ?

   Nein, es gibt nichts mehr zu trinken.

✒ 다음 문장을 번역하시오.

Emil beim Arzt:

„Ich red immer im Schlaf."

„Das ist doch nicht schlimm."

„Doch – die ganze Klasse lacht darüber."

II. kein의 용례

Er hat einen Wagen,
    ein   Haus und
    eine Kamera.
Im Traum ist sie eine Prinzessin.
Wir haben drei Kinder.
Er trinkt Kaffee.
Er hat viel Geld.
	Sie hat **keinen Wagen**,
	    kein Haus und
	    keine Kamera.
	In der Realität ist sie **keine Prinzessin**.
	Ihr habt **keine Kinder**.
	Sie trinkt **keinen Kaffee**, sondern Tee.
	Sie hat **kein Geld**.

```
* 부정관사:      ein Haus    ──────>  kein Haus
  관사없는 경우:  Kaffee      ──────>  keinen Kaffee
                Glück       ──────>  kein Glück
  복수명사:      Kinder      ──────>  keine Kinder
```

	단 수			복 수
	남 성	중 성	여 성	
1격	kein Wagen	kein Kind	keine Uhr	keine Wagen Kinder Uhren
4격	keinen Wagen	kein Kind	keine Uhr	keine Wagen Kinder Uhren
3격	keinem Wagen	keinem Kind	keiner Uhr	keinen Wagen Kindern Uhren

* kein의 변화는 부정관사 ein의 변화와 동일하다.

긍정문	kein	nicht
Er hat einen Mantel.	Sie hat **keinen** Mantel.	Sie wäscht den Mantel **nicht**.
Er hat Geld.	Sie hat **kein** Geld.	Sie findet das Geld **nicht**.
Er kauft eine Rose.	Sie kauft **keine** Rose.	Sie kauft eine Rose heute **nicht**.
Er hat ein Auto.	Sie hat **kein** Auto.	Sie fährt das Auto **nicht**.
Er hat Hunger.	Sie hat **keinen** Hunger.	Sie hat **nicht** viel Hunger.
Er kauft einen Pulli.	Sie kauft **keinen** Pulli, sondern eine Jacke.	Sie kauft **nicht** den lila, sondern rosa Pulli.

✍ nicht 또는 kein을 넣으시오.

1. Heute ist es _____ kalt hier.
2. Der Computer hat zum Glück _____ Virus.
3. Er hat _____ Kugelschreiber.
4. Sie haben _____ Haus, sondern eine Wohnung.
5. Wir verstehen _____ gut Deutsch.
6. Du hast _____ Glück in der Liebe.
7. Ihr geht heute _____ zur Uni.
8. Wir haben heute leider _____ Zeit.
9. Er fährt immer _____ schnell.

✍ 주어진 문장을 부정문으로 만드시오.

1. Das Zimmer hat Telefon.
   =>
2. Wir haben Durst.
   =>
3. Er schreibt den Brief.
   =>
4. Ich rufe Herrn Kim an.
   =>
5. Er hat immer viel Zeit.
   =>
6. Wir spielen auch Kartenspiele.
   =>
7. Wir haben einen Videorekoder.
   =>
8. Meine Familie sieht viel fern.
   =>
9. Haben Sie eine Frage?
   =>

✏️ 주어진 문장을 해석한 후 속뜻을 적으시오.

Zeit ist Gold.

Irren ist menschlich.

Kein Rauch ohne Feuer.

✏️ 다음 문장을 번역하시오.

Die Schulklasse bekommt das Aufsatzthema 'Unser Hund'.

Schreibt Paulchen:

„Unser Hund. Wir haben keinen."

✏️ 다음 문장을 번역하시오.

„Herr Ober, trinken Sie?"

„Nein, mein Herr."

„Dann brauchen Sie auch kein Trinkgeld."

Lektion 9 (neun)

I. 소유대명사

Mein Sohn arbeitet hier.

II. 재귀동사

Das Kind zieht sich schon allein an.

I. 소유대명사

1. 소유대명사의 유형 및 사용

인칭대명사	소유대명사
Ich bin Student.	**Mein** Vater ist Arzt.
Du bist krank.	Wo ist denn **dein** Sohn?
Er arbeitet fleißig.	**Sein** Vater arbeitet fleißig.
Sie studiert Germanistik.	**Ihr** Mann ist Lehrer.
Das Kind weint hier.	Wo ist **sein** Onkel?
Wir sind aus Korea.	Da oben liegt **unser** Haus.
Ihr wohnt in Heidelberg.	Wo istt denn **euer** Auto?
Wo arbeiten sie?	Das ist Herr und Frau Kim, und das ist **ihr** Sohn.
Sie sind in Seoul.	Frau Kim, wo ist **Ihr** Mann?

2. 소유대명사는 명사의 성과 격에 따라 어미가 변한다

격	단 수			복 수
	남 성	중 성	여 성	
1격	mein Sohn	mein Kind	meine Tochter	meine Eltern
4격	mein**en** Sohn	mein Kind	meine Tochter	meine Eltern
3격	mein**em** Sohn	mein**em** Kind	mein**er** Tochter	mein**en** Eltern
2격	mein**es** Sohn**s**	mein**es** Kind**es**	mein**er** Tochter	mein**er** Eltern

* 소유대명사를 사용하는 방법

Ich ~ mein, du ~ dein, er ~ sein...

mein_ Vater (der Vater), dein<u>e</u> Mutter (die Mutter)...

Ich besuche mein**en** Freund.(4격)

3. 소유를 나타내는 방법

2격의 사용	명사 + s	von + 명사
das Büro **des Chefs** das Zimmer **des Lehrers** die Praxis **der Ärztin** das Werk **eines Autors** die Blätter **der Bäume**	Marias Auto Koreas Grenzen Goethes Werk	der Verkauf **von Äpfeln** das Auto **von Frau Müller** die Freundin **von meinem Bruder**

✍ 밑줄 친 인칭대명사에 대한 알맞은 소유대명사를 넣으시오.

1. <u>Ich</u> bin Übersetzerin. _____ Mann ist Dolmetscher.

2. <u>Du</u> bist doch Studentin. _____ Vater ist auch Student.

3. <u>Wir</u> sind sehr fleißig. _____ Lehrer ist auch fleißig.

4. <u>Ihr</u> wohnt in Seoul. _____ Lehrer wohnt aber in Suwon.

5. <u>Er</u> arbeitet nicht fleißig. _____ Mutter arbeitet aber fleißig.

✍ 알맞은 소유대명사를 넣으시오.

1. Ich habe ein Buch. Ich nehme <u>mein</u> Buch.

2. Du hast eine Schwester. Ich kenne _____ Schwester.

3. Er hat einen Bruder. Ich kenne _____ Bruder.

4. Sie hat einen Freund. Ich kenne _____ Freund.

5. Das Kind hat einen Ball. Ich nehme _____ Ball.

6. Wir haben eine Idee. Wir finden _____ Idee gut.

7. Ihr habt ein Auto. Ich mag _____ Auto.

8. Ihr habt einen Onkel. Ich kenne _____ Onkel.

9. Sie haben viele Freunde. Ich kenne alle _____ Freunde.

✍ 문장의미에 알맞은 소유대명사 또는 소유를 나타내는 의문사를 넣으시오.

1. Er legt _____ Buch nicht immer auf den Tisch.
2. Die Frau findet _____ Schlüssel nicht.
3. Wo ist denn Klaus? Ist das hier _____ Fahrrad?
4. Der Mann ist schon weg, aber _____ Tasche ist hier!
5. Wie geht es denn _____ Mann, Frau Kim?
6. Herr Müller, wo ist _____ Frau denn?
7. _____ Wagen ist hier in der Garage?
8. _____ gehört das Haus?

✍ 알맞은 명사를 골라 2격을 만드시오.

1. der Anfang des Films
2. das Ende _____
3. das Büro _____
4. das Gehalt _____
5. die Abfahrt _____
6. die Dame _____
7. die Meinung _____
8. die Stimme _____

Chef, Zug, Herz, Liebe, Haus, Film, Kollege, Leute

✏ 다음 문장을 번역하시오.

„Pünktlich um neun Uhr schalten meine Eltern den Fernseher ab", erzählt Peter seiner Lehrerin.

„Gut", lächelt die Lehrerin, „und was machst du dann?"

„Dann gehe ich in mein Zimmer und schalte meinen eigenen an."

II. 재귀동사

1. 재귀동사 사용 및 유형

4격				3격					
ich	ziehe	**mich**	an.	ich	ziehe	**mir**	das	Hemd	an.
du	ziehst	**dich**	an.	du	ziehst	**dir**	das	Hemd	an.
er sie } es	zieht	**sich**	an.	er sie } es	zieht	**sich**	das	Hemd	an.
wir	ziehen	**uns**	an.	wir	ziehen	**uns**	das	Hemd	an.
ihr	zieht	**euch**	an.	ihr	zieht	**euch**	das	Hemd	an.
sie	ziehen	**sich**	an.	sie	ziehen	**sich**	das	Hemd	an.
Sie	ziehen	**sich**	an.	Sie	ziehen	**sich**	das	Hemd	an.

* Ich wasche mich.   Ich wasche mir die Hände.
  Er kämmt sich.   Er kämmt sich die Haare.

✍ 알맞은 재귀대명사를 넣으시오

1. Ich wasche _____.	Ich wasche _____ die Hände.
2. Du wäschst _____.	Du wäschst _____ die Füße.
3. Er wäscht _____.	Sie wäscht _____ das Gesicht.
4. Wir waschen _____.	Wir waschen _____ die Haare.
5. Ihr wascht _____.	Ihr wascht _____ die Ohren.
6. Sie waschen _____.	Sie waschen _____ die Finger.

✍ 알맞은 재귀대명사를 넣으시오.

1. Das Mädchen wäscht _____ jeden Tag.
2. Wir waschen _____ die Hände.
3. Er freut _____ schon auf die Ferien.
4. Er kann _____ nicht mehr ändern.
5. Der Mann kauft _____ ein Auto.
6. Stell _____ vor, ich heirate!
7. Wir interessieren _____ für Musik.
8. Ihr wünscht _____ doch Kinder, nicht wahr?
9. Kannst du _____ zur Heirat entschließen?
10. Es wird sicher kalt. Zieh _____ lieber noch eine warme Jacke an.

✍ 알맞은 재귀대명사를 넣으시오.

1. Es ist 8 Uhr! Wasch _____ und putz _____ die Zähne!
2. Wir beeilen _____ immer.
3. Vorsichtig, das Messer ist sehr scharf! Schneiden Sie _____ nicht!
4. Wann sehen wir _____ wieder, mein Liebling!
5. Er freut _____ schon auf die Sommerferien.
6. Der Schüler merkt _____ die Regel nicht.
7. Vorsichtig, die Suppe ist sehr heiß! Verbrenn _____ nicht den Mund!

✍ 알맞은 재귀대명사를 적합한 곳에 넣으시오.

1. Morgen waschen wir die Haare.
   => <u>Morgen waschen wir uns die Haare.</u>
2. Wir erkundigen nach den Preisen für einen Flug nach Stuttgart.
   => _____

3. Ihr geht ins Kabarett und amüsiert köstlich.

=> _____

4. Jedes Jahr zu Silvester verletzen viele Menschen beim Feuerwerk.

=> _____

5. Die Kinder spielen mit der Kerze und verbrennen den Finger.

=> _____

✐ 주어진 문장을 해석한 후 속뜻을 적으시오.

Reden ist Silber, Schweigen ist Gold.

Ende gut, alles gut.

Man glaubt einem Auge mehr als zwei Ohren.

Wasch dir die Ohren!

✐ 다음 문장을 번역하시오.

Während des Fußball-Länderspiels sitzt ein kleiner Junge stolz wie Oskar auf der Ehrentribüne.

„Nanu", wundert sich sein Nachbar, „Von wem hast du denn die Karte?"

„Von meinem Vater."

„Konnte der nicht kommen?"

„Nee, der sucht noch zu Hause die Karte."

Lektion 10 (zehn)

I. 3격 지배 전치사

1. 3격 지배 전치사의 유형 및 의미

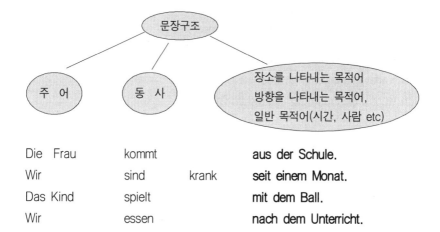

Die Frau	kommt		**aus der Schule.**
Wir	sind	krank	**seit einem Monat.**
Das Kind	spielt		**mit dem Ball.**
Wir	essen		**nach dem Unterricht.**

전 치 사	의 미
aus (~안으로부터)	Er nimmt das Buch aus dem Regal. Wir kommen aus Korea. Ich trinke aus dem Glas.
von (~로부터)	Sie kommt gerade von der Uni. Er kommt von der Firma.
gegenüber (~맞은 편에)	Der U-Bahn-Eingang ist gegenüber dem Kaufhaus. Die Frau steht mir gegenüber.
zu (~으로)	Er geht zur Uni.(= zu der) Ich gehe zum Arzt.(= zu dem)
mit (~와 함께/~타고))	Das Kind spielt immer mit dem Ball. Ich fahre immer mit dem Bus.
nach (~로/ ~후에)	Wir fahren nach Frankfurt. Er besucht uns nach der Vorlesung.

전 치 사	의 미
bei (~옆에서)	Er arbeitet jetzt bei Siemens. Ich habe einen Termin beim Augenarzt.(= bei dem)
seit (~이래로)	Er ist seit Dienstag krank. Ich stehe hier seit einem Monat.

Er kommt **mit seiner** Freundin.

Nach meiner Meinung ist das ganz falsch.

Ich wünsche Ihnen alles Gute **zum** Geburtstag!

✍ 알맞은 3격 지배 전치사를 넣으시오.(필요한 경우 관사 사용)

1. Meine Mutter ist _____ Montag unterwegs.
2. Warum kommst du denn schon wieder so spät _____ Arbeit?
3. Auf dem Weg _____ Flughafen in die Stadt gibt es immer einen Stau.
4. Sie sind auch _____ Schweiz?
5. Kommst du _____ Unterricht zu mir?
6. _____ Essen erzählt sie mir von ihrer Reise.
7. Ich fahre immer _____ Zug nach Busan.
8. _____ Post gibt es ein Restaurant.
9. Ich wohne noch _____ meinen Eltern.
10. Er lernt _____ seinem Freund.
11. Wir fahren   dem Auto.
12. Die Wohnung liegt dem Kaufhaus _____.
13. Der Zug kommt _____ Hamburg.
14. Er studiert _____ drei Jahren.
15. Sie hat das Geld _____ ihrem Vater.

II. 4격 지배 전치사

1. 4격 지배 전치사의 유형 및 의미

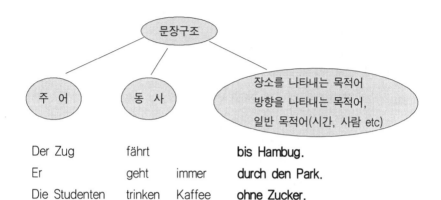

Der Zug	fährt		**bis Hambug.**
Er	geht	immer	**durch den Park.**
Die Studenten	trinken	Kaffee	**ohne Zucker.**
Die Kinder	laufen		**um den Tisch.**

전 치 사	의 미
bis (~까지)	Ich fahre bis Frankfurt.(관사없이 사용) Wir fahren bis zum Stadtplatz. Der Weg geht bis ans Ufer.
durch (~을 통해)	Ich bummele gerne durch die Altstadt. Wir joggen jeden Morgen durch den Park.
für (~을 위해)	Ich tue alles für dich. Gehen Sie bitte für mich auf das Finanzamt.
gegen (~에 거슬러서)	Der Vogel fliegt gegen die Scheibe. Er schlägt mit der Faust gegen die Tür.
ohne (~없이)	Ohne dich bin ich nichts. Ohne ihren Mann ist sie völlig hilflos.
um (~주위에)	Wir fahren um die Stadt. Um den Turm stehen viele Menschen.
entlang (~를 따라)	Er geht die Straße entlang. Ich singe ab und zu die Nacht entlang.

✍ 알맞은 전치사를 넣으시오.

1. Wir bummeln _____ die Altstadt.

2. Er joggt jeden Morgen _____ den Park.

3. Schau mal _____ das Fernrohr, da sieht man alles ganz deutlich!

4. Der Weg geht _____ ans Ufer.

5. Ich fahre _____ zum Stadtplatz.

6. Er geht die Straße _____.

7. Fahren wir durch die Stadt oder _____ die Stadt?

8. Abends sitzt die ganze Familie _____ den Tisch.

9. Er fährt _____ die Brücke.

10. Gehen Sie nur bei Grün _____ die Ampel!

11. Der Vogel fliegt _____ die Scheibe.

12. Sie schwimmt _____ den Strom.

13. Wir erledigen das Problem _____ dich.

14. _____ den Streik gibt es einen Verkehrsstau.

III. 3·4격 지배 전치사

1. 3·4격 지배 전치사의 유형 및 의미

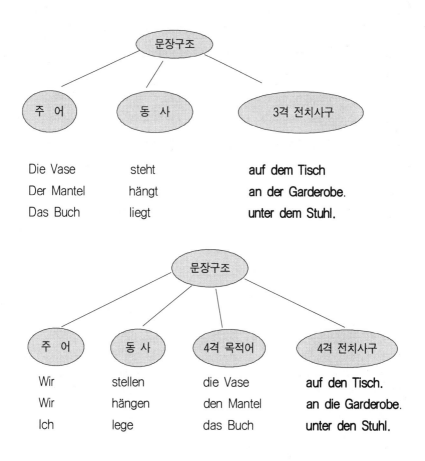

문장구조

주 어 / 동 사 / 3격 전치사구

Die Vase	steht	**auf dem Tisch**
Der Mantel	hängt	**an der Garderobe.**
Das Buch	liegt	**unter dem Stuhl.**

문장구조

주 어 / 동 사 / 4격 목적어 / 4격 전치사구

Wir	stellen	die Vase	**auf den Tisch.**
Wir	hängen	den Mantel	**an die Garderobe.**
Ich	lege	das Buch	**unter den Stuhl.**

전치사	3격으로 사용(~에)	4격으로 사용(~로)
in (~안)	Wir sind in der Wohnung. Das Buch steht im Regal.	Er stellt das Auto in die Garage. Die Kinder laufen in den Garten.
auf (~위)	Die Vase steht auf dem Tisch. Die Kinder spielen auf der Straße.	Die Kinder laufen auf die Straße. Kommen Sie auf die Insel.
unter (~아래)	Der Ball liegt unter dem Tisch. Er ist endlich unter Menschen.	Er legt den Ball unter den Tisch. Ich werfe die Blume unter den Stuhl.
über (~위쪽)	Die Lampe hängt über dem Tisch. Das Kleid hängt über dem Stuhl.	Das geht über meine Kraft. Ich hänge das Bild über den Kamin.
an (~옆)	Der Mantel hängt am Haken. Die Frau steht am Fenster.	Er stellt die Leiter an den Baum. Ich fahre an den Strand.
neben (~옆)	Das Bad ist neben der Küche. Der Stall liegt neben dem Haus.	Er legt den Füller neben das Buch. Die Frau stellt die Vase neben mich.
zwischen (~사이)	Er sitzt zwischen Kai und Martin. Sie steht zwischen mir und ihm.	Er steckt das Bild zwischen die Bücher. Sie stellt das Buch zwischen die Türen.
vor (~앞)	Der Baum steht vor dem Haus. Der Hund wartet vor der Post.	Er stellt das Geld vor das Haus. Ich stelle das Auto vor die Tür.
hinter (~뒤)	Ihr steht hinter dem Lehrer. Er arbeitet hinter der Tür.	Er stellt die Stange hinter das Haus. Das Buch fällt hinter das Regal.

2. 3격을 필요로 하는 동사들

동 사	예 문
sein	Der Ball **ist** unter dem Tisch. Er **ist** in der Wohnung.
stehen	Die Lampe **steht** auf dem Tisch. Was **steht** im Brief?
liegen	Das Buch **liegt** auf dem Boden. Die Jacke **liegt** auf dem Stuhl.
sitzen	Meine Katze **sitzt** unter der Zeitung. Die Brille **sitzt** auf der Nase.
hängen	Der Mantel **hängt** an der Garderobe. Das Bild **hängt** an der Wand.
stecken	Die Diskette **steckt** im Computer. Der Schlüssel **steckt** im Schloss.
bleiben	Wie lange **bleibt** er in der Stadt?

✍ 주어진 물건을 어디에서 구할 수 있을까요?

1. Brötchen	a) am Kiosk
2. Bücher	b) beim Schlüsseldienst
3. Medikamente	c) in der Apotheke
4. Schlüssel	d) in der Bäckerei
5. Seife	e) in der Buchhandlung
6. Wurst	f) in der Drogerie
7. Zeitung	g) in der Metzgerei(Fleischerei)

✍ 알맞은 정관사를 넣으시오.

1. Das Bild hängt an _____ Wand.
2. Meine Mutter und mein Vater sitzen auf _____ Sofa.
3. Die Tasche steht auf _____ Fußboden.
4. Das Kind steht auf _____ Stuhl.
5. Der Ballkon ist hinter _____ Haus.
6. Das Heft liegt zwischen _____ Büchern.

✍ 알맞은 정관사를 넣으시오.

1. Ich hänge das Bild an _____ Wand.
2. Er stellt die Tasche auf _____ Fußboden.
3. Das Kind stellt das Buch auf _____ Stuhl.
4. Die Frau stellt das Auto hinter _____ Haus.
5. Sie steckt das Buch zwischen _____ Bücher.

✍ 아래 보기에서 알맞은 전치사 구를 찾으시오.

1. Der Schreibtisch steht _____ .
2. Das Bild hängt _____ .
3. Der Koffer liegt _____ .
4. Das Foto liegt _____ .
5. Die Katze liegt _____ .
6. Das Buch steht _____ .

> im Regal, unter der Zeitung,
> über dem Kamin, im Korb,
> am Fenster, auf dem Schrank

✍ 아래 보기에서 알맞은 전치사 구를 찾으시오.

1. Er hängt den Mantel _____ .
2. Ich stelle das Buch _____ .
3. Ich lege die Zeitungen _____ .
4. Er stellt den Tisch _____ .
5. Die Frau hängt das Bild _____ .
6. Setz dich bitte _____ .

an den Haken, ans Fenster,
ins Regal, hinter deine Mutter,
über den Kamin,
zwischen die Lexika

✍ 아래 보기에서 알맞은 전치사를 넣으시오.(정관사의 격 유의바람!)

1. Sind Sie immer noch _____ Bett?
2. Bitte, Kinder, spielt _____ Garten, nicht _____ Straße!
3. Der Hut hängt _____ Garderobe.
4. Haben Sie auch eine Satellitenschüssel _____ Dach?
5. Ich sitze gerne immer _____ Schatten _____ Baum.
6. Die Lampe hängt _____ Tisch.

an, in, unter, auf, über

✍ 알맞은 전치사를 넣어 문장을 완성시키시오.

1. Ich arbeite bei Siemens.
2. Am Wochenende fahre ich gerne _____ See.

3. Da angle ich. Das ist sehr entspannend, man sitzt einfach nur
   _____ Ufer.
4. Man schaut auch _____ Wasser.
5. Wir gehen noch _____ Schule.
6. Im Sommer fahren wir mit meinen Eltern _____ Meer, meistens
   _____ Insel.
7. Dort liegen wir die meiste Zeit einfach _____ Strand oder baden
   _____ Meer.
8. Also, ich wandere gerne. Egal, wo. Manchmal steige ich _____ Berg.
9. Manchmal wandere ich _____ Wald, oft gehe ich zu Fuß
   _____ Stadt.
10. Wir fahren am Wochenende oft _____ Freunden.
11. _____ Freunden ist es gemütlich und persönlich, nicht so
    anonym wie _____ Hotel.
12. Wir gehen sehr oft _____ Museum oder _____ Oper.

✍ 주어진 단어를 사용하여 문장을 완성시키시오.

1. tragen – immer – der Mann – in – das Bier – der Keller
   => _____.
2. der Mantel – die Garderobe – hängen – an – er
   => _____.
3. der Schrank – stehen – in – die Weinglässer
   => _____.
4. die Mutter – nie – in – räumen – die Spülmaschine – das Geschirr
   => _____.
5. das Fahrrad – vor – stehen – die Haustür
   => _____.
6. die Zeitung – der Vater – unter – legen – das Sofa – immer
   => _____.
7. wann – er – hängen – über – die Lampe – der Fernseher
   => _____?

8. das Buch - auf - die Kommode - liegen

=> _____.

3. 장소와 방향을 나타내주는 부사들

Sie wohnt **oben**, er wohnt **unten**.
Die Eltern stehen **hinten**, die Kinder sitzen **vorn**.
Links sitze ich, **rechts** sitzt meine Frau.

Dort **drinnen** ist das Paradies, und ich stehe hier **draußen**!
Schau mal da **drin**!
Wo ist die Post? Die ist da **drüben**.
Ich suche mein Buch **überall**, aber ich finde es **niergendwo**!
Ich glaube, es liegt **irgendwo** im Arbeitszimmer.
Außen ist das Auto rot, **innen** ist es grau und schwarz.

Hier ist das Buch nicht! Such lieber **woanders**, vielleicht im Schlafzimmer!
Hier drinnen ist es sehr warm!
Der Laden ist **da vorne**.

Links hinten sitzt der Lehrer. **Hinten links** sitzt der Lehrer.
Komm mal **hierher**! Schau mal **dorthin**!
Ich hasse Achterbahnen - erst geht es langsam **aufwärts**, und dann steil **abwärts**.

In manchen Karussels fährt man mal **vorwärts**, mal **rückwärts**.
Gehen Sie bitte **geradeaus**!
Fahren Sie erst **nach rechts** und dann **nach links**!

In England kommen die Autos **von rechts**! Arabisch liest man **von rechts nach links**.
Von außen ist das Haus sehr alt, aber **von innen** ist es ganz modern!

Ⅳ. 2격 지배 전치사

1. 2격 지배 전치사 유형 및 의미

전 치 사	의 미
(an)statt (~대신에)	Statt des Nachtisches nehmen wir eine Tasse Tee. Er kommt statt seines Bruders.
trotz (~에도 불구하고)	Trotz seines Reichtums geht er immer zu Fuß. Trotz des Regens spielen die Kinder auf der Straße
während (~하는 동안에)	Während des Essens spricht er immer laut. Wir arbeiten während der Woche.
wegen (~ 때문에)	Wegen des Wetters findet das Fußballspiel nicht statt. Sie weint immer wegen des Freundes.

✍ 알맞은 2격 전치사를 넣으시오.

1. _____ Sommerferien mache ich eine Reise nach Europa.
2. _____ der Pause gehen wir in die Cafeteria.
3. Mein Vater arbeitet _____ des Feiertags.
4. Die Frau wählt das Geld _____ der Liebe.
5. _____ des Examens gehe ich heute nicht ins Kino.
6. _____ des Aufenthalts in München besucht er seinen Freund.

* 길 물어보고 안내하기

nach dem Weg fragen			den Weg beschreiben	
Entschuldigung,	wie komme ich wo geht es hier	zum/zur...? nach...?	Gehen Sie	geradeaus links/rechts die Straße entlang
	wo ist hier	der ...? die ...? das...?		über die Kreuzung den Platz die Brücke
	ich suche ...	den ... die ... das ...		an .... vorbei bis zum/zur....!

✎ 주어진 문장을 해석한 후 속뜻을 적으시오.

Morgenstunde hat Gold im Mund.
Ohne Fleiß kein Preis.
Bei gutem Willen finden sich die Mittel.

✎ 다음 문장을 번역하시오.

Am ersten Schultag fragt der Lehrer:
„Wie heißt du?"
„Richard."
„Und wie weiter?"
„Spielt keine Rolle. Nennen Sie mich einfach Richard."

✎ 다음 문장을 번역하시오.

Ein Gast im vornehmen Restaurant bindet sich die weiße Serviette um den Hals.
Der Ober ist leicht schockiert, geht an den Tisch und fragt:
"Haare schneiden oder rasieren?"

Lektion 11 (elf)

I. 화법 조동사

Wir können Deutsch sprechen.

Ihr wollt in Deutschland studieren.

Ich muss fleißig Deutsch lernen.

II. 준화법 조동사

Das Kind lernt gerade laufen.

I. 화법조동사

1. 화법조동사의 유형

	können	wollen	müssen	dürfen	sollen	mögen
ich	kann	will	muss	darf	soll	mag
du	kannst	willst	musst	darfst	sollst	magst
er, sie, es	kann	will	muss	darf	soll	mag
wir	können	wollen	müssen	dürfen	sollen	mögen
ihr	könnt	wollt	müsst	dürft	sollt	mögt
sie, Sie	können	wollen	müssen	dürfen	sollen	mögen

* 개별 화법조동사의 기본의미:

können: ~할 수 있다(능력, 가능)   wollen: ~하려고 하다(의지)

müssen: ~해야 한다(필연, 의무)   dürfen: ~해도 좋다(허가)

sollen: ~해야 한다고 한다(조언, 충고)   mögen: ~하기를 원한다(희망)

2. 문장에서 화법조동사의 위치

	화법조동사		부정형
Er	kann	schon gut Deutsch	sprechen.
Hier	können	Sie Tennis	spielen
Was	wollen	Sie	kaufen?
Sie	darf	nun endlich Auto	fahren.
Wann	soll	ich morgen	kommen?
Wir	müssen	heute	arbeiten.
Ich	mag	einen Kaffee	(trinken.)

* 문장에서 화법조동사는 두 번째 자리에 위치한다.
* 본동사는 원형(부정형)으로 문장 맨 뒤에 놓인다.

3. 화법조동사의 사용

* **können** (능력, 가능, 허가)

Kannst du Tennis spielen?

Heute können wir das Haus teuer verkaufen.

Sie können jetzt gehen.

Das kann sein.

* **wollen** (의지, 의향, 계획)

Ich will die Wahrheit sagen.

Im Dezember wollen wir nach Deutschland fliegen.

Er will das Buch kaufen.

* **müssen** (의무, 강요, 명령)

Mein Vater ist krank. Ich muss nach Hause fahren.

Wir müssen fleißig lernen.

Sie müssen hier noch unterschreiben.

Ich muss heute nicht arbeiten.(es ist nicht notwendig)

* **dürfen** (허가, 금지, 공손)

Hier darf man nur 1 Stunde parken.

Die Kinder dürfen hier spielen.

Ich darf keinen Kaffee trinken. (es ist verboten)

Sie darf noch nicht Auto fahren. (es ist verboten)

* **sollen** (소문, 충고, 도덕적 의무)

Der Film soll interessant sein.

Der Arzt hat gesagt,ich soll nicht so viel rauchen.

Wann soll ich morgen kommen?

Man soll mit vollem Mund nicht sprechen. (das ist nicht akzeptabel)

* **mögen** (기호, 의향)

Ich **mag** Kirschen.

Meine Frau **mag** München nicht. Sie findet München langweilig.

Ich habe Kinder gern.(= Ich **mag** Kinder gern.)

* **möchten** (원래 화법조동사가 아니며 mögen 동사에서 파생된 형태
         소망, 주문, 물건 살 때 주로 사용)

Ich möchte bitte 100 g Salami.

Wir möchten einen Wagen kaufen.

Ich möchte einmal eine Reise nach Afrika machen.

Ich **kann** Deutsch.   <= Ich **kann** Deutsch <u>sprechen</u>.

Ich **mag** Kaffee.   <= Ich **mag** Kaffee <u>trinken</u>.

Ich **muss** jetzt nach Hause.

Ich **will** jetzt nicht!

Was **soll** das?

---

* 예측 가능한 본동사는 흔히 생략하고 조동사만 쓰기도 한다.

🖎 화법조동사를 인칭에 맞게 변화시키시오.

1. Was _____ du trinken? (möchten)

2. Wir _____ hier nicht parken. (dürfen)

3. Meine Frau _____ im Wohnzimmer fernsehen. (können)

4. Ihr _____ im Bad duschen. (können)

5. Du _____ hier rauchen. (dürfen)

6. Ich _____ nicht mehr rauchen. (sollen)

7. Er _____ den Brief lesen. (wollen).

8. Die Frau _____ fleißig lernen. (müssen)

9. Ihr _____ morgen früh arbeiten. (müssen)

10. Ihr _____ auch nach Berlin fahren. (wollen)

✍ 화법조동사 müssen, können 또는 wollen을 인칭에 맞게 선택하시오.

1. Ich habe es eilig. Ich _____ um 11 Uhr in der Uni. sein.
2. Sie ist schon hier? Das ist unmöglich, das _____ nicht sein.
3. Heute komme ich nicht mit. Ich _____ heute das Haus putzen.
4. Fremdsprachen? Wir _____ gut Deutsch und ein bisschen Englisch.
5. Hallo! Hier spricht Maria. Ich _____ am Wochenende einen Ausflug machen.
6. _____ du auch mitkommen?
7. Das Wetter ist gut, da _____ wir endlich mal in die Berge gehen.
8. Am Samstag _____ ich noch Einkäufe machen.
9. Am Sonntag _____ wir früh losfahren.

✍ müssen동사를 사용하여 문장을 완성하시오.

1. Der Mann verliert seine Kreditkarte. (Bank anrufen – sofort)
   => Er
2. Die Frau meldet sich zum Sprachkurs an. (Formular ausfüllen – zuerst)
   => Sie
3. Wir wollen Auto fahren. (Führerschein machen – zuerst)
   => Wir

✍ müssen 또는 sollen을 사용하여 문장을 완성하시오.

1. Sie _____ hier unterschreiben, bitte.
2. Was meinen Sie, _____ ich mit Scheck bezahlen oder bar?
3. Leider _____ wir morgen wieder nach Hause fahren.
4. Herr Kim, Ihre Frau ist krank. Sie _____ bitte gleich zurückgehen.

✍ können 또는 dürfen을 사용하여 문장을 완성하시오.

1. _____ du mir morgen bitte dein Auto leihen?
2. Er _____ nicht mehr so viel Fleisch essen, weil es zu viel Cholesterin hat.
3. Meine Tochter ist erst 15 Jahre alt, deshalb _____ sie noch nicht in die Disco gehen.
4. _____ man hier rauchen?
5. Wir _____ diese Wohnung nicht kaufen. Sie ist zu teuer.
6. Am Sonntag _____ wir ausschlafen, oder?
7. Kinder unter 16 Jahren _____ in Deutschland keinen Alkohol kaufen.
8. Frau Meier ist krank. Sie _____ deshalb heute leider nicht kommen.

✍ 주어진 화법조동사를 선택하여 문장을 완성하시오.

1. Wir _____ jetzt gern zum Essen gehen. Kommst du bitte? (möchten, sollen, müssen)
2. Meine Frau _____ leider nicht mitkommen. Sie hat heute keine Zeit. (dürfen, sollen, können)
3. _____ ich Ihnen in den Mantel helfen? (müssen, wollen, dürfen)
4. Du _____ noch deine Hausaufgaben machen. Vergiss das nicht! (können, müssen, dürfen)
5. Guten Tag. Was _____ ich für Sie tun? (wollen, können, müssen)

✍ 알맞은 화법조동사를 넣어 대화를 완성하시오.

1. a: _____ Sie Deutsch?

   b: Nein, aber ich _____ es auf jeden Fall lernen.

2. a: _____ du heute Abend arbeiten oder _____ du mit uns essen gehen?

   b: Ich _____ heute leider arbeiten. Aber vielleicht _____ wir am Wochenende etwas zusammen unternehmen.

3. a: Frag doch mal deine Eltern, ob du mit uns ins Kino gehen

      _____.

   b: Ich _____ bestimmt nicht. Sie haben schon gesagt, dass ich heute Abend zu Hause bleiben _____.

4. a: _____ ich Ihnen ein Glas Wein anbieten?

   b: Nein danke, ich _____ lieber ein Wasser.

5. a: Der Zug hat Verspätung. Wir _____ noch eine Stunde warten.

   b: Dann _____ wir doch in die Bar gehen und dort warten.

6. a: So, wir sind fertig. Sie _____ jetzt nach Hause gehen.

   b: Danke, aber ich _____ gern noch ein bisschen hier bleiben.

II. 준 화법조동사

1. 준 화법조동사의 유형 및 사용

helfen, hören, sehen, lassen
Ich **helfe** ihr **kochen**.
Ich **höre** ihn **singen**.
Ich **sehe** sie **kommen**.
Wir **lassen** ihn das Auto **reparieren**.
bleiben, gehen, fahren, lernen
Ich **bleibe** hier **stehen**.
Er **geht** gleich **essen**.
Ich **fahre** meine Mutter **abholen**.
Er **lernt** gerade **laufen**.

✍ 주어진 단어를 사용하여 lernen + Infintiv 문장으로 고치시오.

1. schwimmen (ich)   => <u>Ich lerne gerade schwimmen.</u>
2. laufen (das Kind)   => _____ .
3. Motorrad fahren (Meine Mutter) => _____ :
4. mit dem Computer arbeiten (er) => _____ :
5. Schi fahren (seine Freundin)   => _____ :

✐ 주어진 문장을 해석한 후 속뜻을 적으시오.

Man soll den Tag nicht vor dem Abend loben.

Wo kein Kläger ist, da ist auch kein Richter.

Ein Unglück kommt selten allein.

✏ 다음 문장을 번역하시오.

Der Großvater zum Enkel:
„Du darfst dir ein schönes Buch von mir wünschen."
„Dann möchte ich ein Sparbuch."

Lektion 12 (zwölf)

I. 현재완료

    Ich habe schon Deutsch gelernt.

    Ich bin nach Berlin gefahren.

II. 과거형

    Früher liebte er sie.

III. 과거완료

    Er hatte schon lange gewartet.

I. 현재완료

1. 현재완료 용법 및 사용

현재형	현재완료형			
Ich lerne Deutsch.	Ich	**habe**	Deutsch	**gelernt.**
Er sieht sie in der Stadt.	Er	**hat**	sie in der Stadt	**gesehen.**
Wir fahren nach Heidelberg.	Wir	**sind**	nach Heidelberg	**gefahren.**

	haben od. sein		과거 분사
Er	hat	in den Ferien	geheiratet.
Ich	habe	gestern viel	getrunken.
Sie	hat	ihrem Vater sehr oft	geholfen.
Warum	haben	Sie das Auto	gekauft?
Er	ist	zu seinem Bruder	gefahren.
Wir	sind	gestern ins Kino	gegangen.
Wo	seid	ihr die ganze Zeit	gewesen?
Du	bist	sehr schnell	gewachsen.

* 현재완료의 유형

haben + ... 과거분사
1. lesen, vergessen, kaufen...
Ich **habe** das Buch schon   **gelesen?**
Du **hast** die Einladung   **vergessen.**
Er **habe** das Buch   **gekauft.**

2. sich ansehen, sich wünschen, sich verabreden...

Wir **haben** uns gestern einen Krimi	angesehen.
Ich **habe** mir zum Geburtstag eine Uhr	gewünscht.
Ich **habe** mich mit meinen Eltern	verabredet.

3. regnen, schneien...

Gestern **hat** es den ganzen Tag	geregnet.
In den Alpen **hat** es schon	geschneit.

1. fahren, gehen, kommen...

Er **ist** zu seinem Bruder	gefahren.
Wir **sind** gestern ins Kino	gegangen.
Meine Eltern **sind** heute	gekommen.

2. sterben, einschlafen, wachsen...

Er **ist** heute Morgen	gestorben.
Wir **sind** gestern spät	eingeschlafen.
Der Baum **ist** ganz schön	gewachsen!

3. sein, bleiben, werden

Sind Sie gestern im Kino	gewesen?
Ich **bin** nur einen Tag in Berlin	geblieben.
Sie **ist** Lehrerin	geworden.

* 동사의 과거분사 만들기

변화유형	현 재	과 거	과거분사
규칙(약)변화	sagen leben	sagte lebte	ge-sag-t ge-leb-t
불규칙(강)변화	sehen trinken helfen schneiden beißen essen geschehen	sah trank half schnitt biß aß geschah	ge-seh-en ge-trunk-en ge-holf-en ge-schnitt-en ge-biss-en ge-gess-en ge-scheh-en
혼합변화	denken kennen wissen bringen nennen	dachte kannte wusste brachte nannte	ge-dach-t ge-kann-t ge-wuss-t ge-brach-t ge-nann-t

* 동사의 3요형 (현재-과거-과거분사)

A - B - A	fahren essen lesen	fuhr aß las	gefahren gegessen gelesen
A - B - B	bleiben schneiden fließen	blieb schnitt floss	geblieben geschnitten geflossen
A - B - C	finden gewinnen helfen	fand gewann half	gefunden gewonnen geholfen

✍ 주어진 동사의 의미와 과거, 과거분사를 적으시오.

1. nehmen <u>잡다, 취하다.</u> <u>nahm</u> <u>genommen</u>
2. nennen _____ _____ _____
3. sprechen _____ _____ _____
4. liegen   _____ _____ _____
5. bitten   _____ _____ _____
6. lesen   _____ _____ _____
7. helfen   _____ _____ _____
8. wissen   _____ _____ _____
9. bringen _____ _____ _____

2. 분리동사와 비분리동사의 현재완료

유형	현 재	현재완료
A	Der Zug **kommt** in Berlin **an**. Er **nimmt** am Kongress **teil**. Ich **komme** bald **zurück**.	Der Zug ist in Berlin an**ge**kommen. Sie hat auch am Kongress teil**ge**nommen. Er ist pünktlich zurück**ge**kommen.
B	Das Bild **erschreckt** mich. Wir **versöhnen** uns sofort wieder. Er **wiederholt** das Wort.	Jetzt habe ich mich aber **erschrocken**! Sie haben sich schnell wieder **versöhnt**. Er hat oft das Wort **wiederholt**.
C	Hier **passiert** nie etwas. Ich **studiere** in Berlin. Sie **probiert** alles.	Dem Fahrer ist fast nichts **passiert**. Er hat auch in Berlin **studiert**. Ich habe schon alles **probiert**.

유형	유형의 동사들
A	anfangen, abfahren, aussteigen, einkaufen, mitnehmen, umsteigen, etc
B	beginnen, empfehlen, sich entschuldigen, erzählen, missverstehen, übersetzen, sich unterhalten, vergessen, verkaufen, zerreißen, etc.
C	informieren, kopieren, markieren, operieren, sortieren, etc.

✍ haben 또는 sein을 사용하여 문장을 완성하시오.

1. Wie sind Sie heute zum Institut gekommen?

   Ich _____ die Straßenbahn genommen.

2. Was _____ du am Samstag gemacht?

   Ich _____ ins Kino gegangen.

3. Wo _____ ihr euch eigentlich zum ersten Mal gesehen?

   Wir _____ beide mit einer Gruppe nach Hamburg gefahren.

4. _____ ihr gestern noch lange bei Herrn Kim geblieben?

   Nein, wir _____ dann auch so um 10 Uhr nach Hause gegangen.

5. Ihr Geburtsdatum bitte! Ich _____ am 30.8.1975 geboren.

6. _____ ihr letztes Wochenende wirklich auf die Zugspitze gestiegen?

   Ja, und stell dir vor: Oben _____ wir unseren Deutschlehrer getroffen!

7. Entschuldigung, das ist mein Platz.

   Nein, hier _____ ich immer gesessen.

✍ 주어진 동사를 이용하여 현재완료형 문장을 만드시오.

1. Wir (fahren) nach Heidelberg.

   =>

2. Er (warten) auf seinen Freund.

   =>

3. Wir (kaufen) ein schönes Auto.

=>

4. Wir (sprechen) gut Deutsch.

=>

5. Mein Vater (lesen) eine Zeitschrift.

=>

6. Das Kind (gehen) zur Schule.

=>

7. Wann (trinken) wir Bier?

=>

8. Wo (lernen) Sie Deutsch?

=>

9. Was (machen) Sie in Heidelberg?

=>

10. Warum (fliegen) Sie nach China?

=>

✍ 주어진 동사를 과거분사로 고치시오.

1. Ja, klar. Er hat den Text laut _____(lesen) .
2. Dann hat er die deutschen Vokabeln _____(lernen).
3. Die Mathematik-Aufgaben hat er auch schon alle _____(machen).
4. Und schau mal: Er hat ein Bild von unserem Haus _____(malen).

✍ 주어진 문장을 현재완료로 만드시오.

1. Im April komme ich hier an.

=>

2. Ich finde lange keinen Arbeitsplatz.

=>

3. Aber heute erhalte ich einen Brief.

=>

4. Ich bekomme die Stelle bei der Firma Bosch.

   =>

5. Die Kollegen bei Bosch helfen mir sehr viel.

   =>

6. Wir machen einen Ausflug nach Heidelberg.

   =>

7. Die Firma kümmert sich auch um eine Wohnung.

   =>

8. Ich habe eine Wohnung.

   =>

9. Ich gewöhne mich an das Leben in Heidelberg.

   =>

10. Wissen Sie es schon?

    =>

✍ 보기와 같이 답변을 현재완료로 만드시오.

보기: Wann beginnt das Konzert?   – Es *hat* gerade *begonnen*.

　　　Wann reist euer Besuch ab?   – Er *ist* gerade *abgereist*.

1. Wann esst ihr zu Mittag?

   => Wir

2. Wann rufst du ihn an?

   => Ich

3. Wann kaufst du die Fernsehzeitschrift?

   =>

4. Wann kommt die Reisegruppe an?

   =>

5. Wann fährt der Zug ab?

   =>

6. Wann schreibst du den Kündigungsbrief?

   =>

7. Wann ziehen die neuen Mieter ein?

=>

8. Wann schafft ihr euch einen Fernseher an?

=>

3. 화법조동사 현재완료 만들기

현재형	현재완료
Ich **kann** nicht **kommen**.	=> Ich **habe** gestern nicht **kommen können**
Sie **will** den Film **sehen**.	=> Sie **hat** den Film **sehen wollen**
Er **kann** das wirklich gut.	=> Er **hat** das wirklich gut **gekonnt**.
Sie **will** das sicher nicht.	=> Sie **hat** das sicher nicht **gewollt**.

✍ 주어진 문장을 현재완료형으로 바꾸시오.

1. Meine Frau will den Kuchen nicht essen.

=>

2. Er muss die Prüfung bestehen.

=>

3. Sein Freund kann ein Buch kaufen.

=>

4. Ich soll nicht mehr rauchen.

=>

5. Wir wollen einen Film sehen.

=>

4. 준 화법조동사 현재완료 만들기

helfen, hören, sehen, lassen	현재 완료
Ich **helfe** ihr **kochen**.	Ich **habe** ihr kochen **helfen**.
Ich **höre** ihn **singen**.	Ich **habe** ihn singen **hören**.
Ich **sehe** sie **kommen**.	Ich **habe** sie kommen **sehen**.
Wir **lassen** ihn das Auto **reparieren**.	Wir **haben** ihn das Auto reparieren **lassen**.

bleiben, gehen, fahren, lernen	현재 완료
Ich **bleibe** hier **stehen**.	Ich **bin** stehen **geblieben**.
Er **geht** gleich **essen**.	Er **ist** gleich essen **gegangen**.
Ich **fahre** meine Mutter **abholen**.	Ich **bin** meine Mutter abholen **gefahren**.
Er **lernt** gerade **laufen**.	Er **hat** gerade laufen **gelernt**.

II. 과거형

1. 일반동사 과거형

인칭	현재	sein	geben	laufen	haben	leben	atmen
	과거	war	gab	lief	hatte	lebte	atmete
ich		war	gab	lief	hatte	lebte	atmete
du		war-**st**	gab-**st**	lief-**st**	hatte-**st**	lebte-**st**	atmete-**st**
er/ sie/ es		war	gab	lief	hatte	lebte	atmete
wir		war-**en**	gab-**en**	lief-**en**	hatte-**n**	lebte-**n**	atmete-**n**
ihr		war-**t**	gab-**t**	lief-**t**	hatte-**t**	lebte-**t**	atmete-**t**
sie/ Sie		war-**en**	gab-**en**	lief-**en**	hatte-**n**	lebte-**n**	atmete-**n**

✍ 문장을 과거형으로 바꾸시오.

1. Wir laufen schnell. => <u>Wir liefen.</u>
2. Er denkt immer nach. => _____.
3. Ich kaufe es. => _____.
4. Es regnet stark. => _____.
5. Sie kommen spät an. => _____.
6. Sie nimmt das Buch. => _____.

✍ 동사를 인칭에 알맞게 과거형으로 바꾸시오.

1. Die Abiturienten <u>bringen</u> die Bücher zur Bibliothek.
   =>
2. Meine Schwestern <u>denken</u> gern an den Urlaub im letzten Jahr.
   =>
3. Die Nachbarn <u>wissen</u> Bescheid.
   =>
4. Ihr <u>kennt</u> die Aufgabe.
   =>
5. Die Mieter <u>senden</u> dem Hausbesitzer einen Brief.
   =>
6. Ihr <u>kennt</u> sie nicht.
   =>
7. Die Teilnehmer <u>denken</u> an den Termin.
   =>
8. Die Lampen im Wohnzimmer <u>brennen</u> sich.
   =>

🖎 동사를 인칭에 알맞게 과거형으로 바꾸시오.

1. Vor einigen Jahren treffen ich im Zug einen Deutschen.
   =>

2. Er heißen Müller.
   =>

3. Er kommen aus München und leben in Heidelberg.
   =>

4. Ich unterhalten mich mit ihm.
   =>

5. Er sprechen sehr gut Koreanisch und erzählen von seinem Leben.
   =>

6. Fünf Jahre arbeiten er in einem koreanischen Restaurant in Heidelberg.
   =>

7. Dort lernen er eine Koreanerin kennen und schließlich heiraten er sie.
   =>

8. Seine Frau bekommen dann eine Stelle und sie gehen zusammen nach München.
   =>

9. Früher arbeiten Herr Meyer in einer großen Fabrik.
   =>

10. Hans gehen mit 6 Jahren in die Schule.
    =>

11. Kolumbus entdecken Amerika.
    =>

12. König Sejong erfinden die koreanische Schrift.
    =>

13. Damals machen er oft im Park einen Spaziergang.
    =>

14. Vor zehn Jahren <u>besuchen</u> er seine Eltern öfters.

=>

III. 과거완료

* 과거완료의 사용 및 유형

	haben od. sein 과거형		과거분사
Er	hatte	drei Studen	gewartet.
Ich	hatte	das Buch	gekauft.
Er	war	sehr groß	gewachsen.
Ich	war	nach Hamburg	geflogen.
Er	hatte	das Buch	kaufen müssen.

과 거	과 거 완 료
Er **kam** um 10 Uhr **an**.	Wir **hatten** lange **gewartet**.
Wir **waren** gerstern sehr müde.	Wir **hatten** den ganzen Tag **gearbeitet**.
Das Büro **war** sehr sauber.	Wir **hatten** das Büro **aufgeräumt**.
2004 **fuhren** wir in die Schweiz.	Wir **hatten** das ganze Jahr **gespart**.

✍ 주어진 동사를 골라 과거완료형으로 만드시오.

schnell lesen, gießen,
im Lotto gewinnen
vor einer Stunde ankommen
backen, weinen

1. Ihre Augen waren rot und geschwollen.

   => Sie

2. Er kam fröhlich die Treppe herunter.

   => Er

3. Wir gaben ihr das Buch zurück.

   => Wir

4. Die Pflanzen sahen wieder frisch und gesund aus.

   => Mein Vater

5. Ein Kuchen stand auf dem Tisch.

   => Meine Mutter

6. Ihr Koffer stand noch im Flur.

   => Sie

✏ 주어진 문장을 해석한 후 속뜻을 적으시오.

Wer nicht wagt, der nicht gewinnt.

Was ich nicht weiß, macht mich nicht heiß.

Wie du mir, so ich dir.

Er hat heute (die) Schule geschwänzt.

Lektion 13 (dreizehn)

I. 관계대명사

Der Arzt, der heute kommt, ist sehr
berühmt.

Die Frau, die sehr krank war, ist
wieder gesund.

Das ist das Dorf, in dem ich
geboren bin.

II. 관계부사

Wir fahren heute nach München, wo
wir drei Jahre gewohnt haben.

I. 관계대명사

1. 관계대명사의 유형

	남성	중성	여성	복수
1격	der	das	die	die
4격	den	das	die	die
3격	dem	dem	der	**denen**
2격	**dessen**	**dessen**	**deren**	**deren**

Der Arzt ist berühmt. Der Arzt kommt heute.
   => Der Arzt, **der** heute kommt, ist berühmt.
Der Arzt ist berühmt. Sie treffen den Arzt morgen.
   => Der Arzt, **den** Sie morgen treffen, ist berühmt.
Die Frau ist wieder gesund. Die Frau war sehr krank.
   => Die Frau, **die** sehr krank war, ist wieder gesund.
Das Mädchen ist 16 Jahre alt. Ich habe dem Mädchen das Buch gegeben.
   => Das Mädchen, **dem** ich das Buch gegeben habe, ist 16 Jahre alt.
Hier sieht man Frieda. Frieda tanzt gerade.
   => Hier sieht man Frieda, **die** gerade tanzt.
Hier sieht man Willi. Willi kocht gerade das Essen.
   => Hier sieht man Willi, **der** gerade das Essen kocht.
Eine Studentin spricht sehr gut Englisch. Ich warte auf die Studentin.
   => Eine Studentin, auf die ich warte, spricht sehr gut Englisch.

2. 관계대명사의 사용

* **1격 관계대명사**

  Der Mann, **der** mich gestern besucht hat, war ein Jahr in Amerika.

  Das ist ein Auto, **das** 300 Stundenkilometer schnell fährt.

  Wir besichtigen heute eine Kirche, **die** sehr groß ist.

  Wir reden mit den Studenten, **die** in Korea Germanistik studieren.

* **4격 관계대명사**

  Der Film, **den** ich gestern gesehen habe, war ausgezeichnet.

  Das Gebäude, **das** wir hier sehen können, war früher das Rathaus.

  Die Kirche, **die** ich in der Innenstadt sehe, ist über 200 Jahre alt.

  Die Fragen, **die** wir im Unterricht gestellt haben, kann der Lehrer später klären.

* **3격 관계대명사**

  Der Mann, mit **dem** wir zusammen gespielt haben, kommt aus Deutschland.

  Das Auto, in **dem** wir gerade saßen, ist mein Auto.

  Die Frau, **der** wir gestern geholfen haben, ist unsere Lehrerin.

  Die Studenten, mit **denen** wir uns sprechen wollten, haben heute keine Zeit.

* **2격 관계대명사**

  Herr Meier, **dessen** Betrieb in Mannheim liegt, besucht uns übermorgen.

  Wir besichtigen jetzt ein Haus, **dessen** Alter über 350 Jahre beträgt.

  Ist das die Firma, **deren** Besitzer verunglückt ist?

  Wir sprechen jetzt von der Verlängerung der Ferien, **deren** Auswirkungen sehr

  vielfältig sind.

✍ 다음 두 문장을 관계대명사를 사용하여 연결하시오.

1. Da sitzt die Mutter. Die Mutter kauft ein Buch.

   =>

2. Da sitzt die Mutter. Ich gehe mit ihr zur Schule.

   =>

3. Da sitzt die Mutter. Die Mutter liest den Kindern ein Märchen vor.

   =>

4. Ich höre das Märchen. Die Mutter liest den Kindern das Märchen vor.

   =>

5. Ich sehe die Kinder. Die Mutter liest den Kindern ein Märchen vor.

   =>

6. Ich sehe den Lehrer. Der Lehrer kann so gut Gedichte rezitieren.

   =>

7. Wir lieben die Frau. Die Frau hat das Buch geschrieben.

   =>

8. Ich kaufe ein Buch für das Kind. Das Kind weint immer.

   =>

✍ 주어진 두 문장을 알맞은 관계대명사를 사용하여 연결하시오.

1. Wer ist die Frau? Die Frau lacht immer so laut.

   =>

   Wer ist die Frau? Du hast die Frau eben begrüßt

   =>

   Wer ist die Frau? Du hast die Frau gestern angerufen.

   =>

2. Kennst du die Leute? Diese Autos gehören ihnen.

   =>

   Kennst du die Leute? Sie stehen vor der Tür.

   =>

Kennst du die Leute? Der Bürgermeister begrüßt sie so freundlich.

=>

3. Herr Müller wird 80 Jahre. Wir haben ihm eben gratuliert.

=>

Herr Müller wird 80 Jahre.

Er arbeitet noch jeden Tag in seinem Garten.

=>

Herr Müller wird 80 Jahre. Man hat ihn kürzlich operiert.

=>

4. Ich fahre morgen zu meinem Bruder.

Er wohnt schon seit zehn Jahren in Seoul.

=>

Ich fahre morgen zu meinem Bruder.

Ich will ihm beim Hausbau helfen.

=>

Ich fahre morgen zu meinem Bruder.

Ich habe ihn schon lange nicht mehr gesehen.

=>

5. Die Fußballspieler gaben ihr Letztes. Ein Tor genügte ihnen nicht.

=>

Die Fußballspieler gaben ihr Letztes. Sie waren total müde.

=>

Die Fußballspieler gaben ihr Letztes. Sie kamen aus Belgien.

=>

6. Wer hat denn den Schlüssel weggenommen?

Er ist hier immer gesteckt.

=>

Wer hat denn den Schlüssel weggenommen?

Ich habe ihn hier hingelegt.

=>

Wer hat denn den Schlüssel weggenommen?

Ich habe ihn gerade kaputt gemacht.

=>

7. Frau Kim ist unsere Nachbarin. Du kennst ja sie.

=>

Frau Kim ist unsere Nachbarin. Dieses Haus gehört ihr.

=>

Frau Kim ist unsere Nachbarin. Sie ist schon fünfzehn Jahre Witwe.

=>

8. Die Verkäuferin ist meine Schwester. Man hat sie immer beobachtet.

=>

Die Verkäuferin ist meine Schwester.

Man wirft ihr mehrere Diebstähle vor.

=>

Die Verkäuferin ist meine Schwester. Sie hat hier gearbeitet.

=>

9. Der Arzt musste seine Praxis aufgeben.

Er behandelte seine Patienten grob.

=>

Der Arzt musste seine Praxis aufgeben. Die Patienten fürchteten ihn.

=>

Der Arzt musste seine Praxis aufgeben.

Die Bank wollte ihm keinen Kredit mehr geben.

=>

10. Die Leute wechselten das Hotel.

Man hatte sie ziemlich unhöflich bedient.

=>

Die Leute wechselten das Hotel. Das Essen schmeckte ihnen nicht.

=>

Die Leute wechselten das Hotel.

Sie konnten wegen des Lärms nicht schlafen.

=>

✍ 아래 제시된 두 문장을 2격 관계대명사를 사용하여 연결하시오.

1. Der Geiger musste das Konzert absagen.
   Sein Instrument war kaputt.
   => _____ .

2. Der Dichter lebt jetzt in der Schweiz.
   Seine Romane waren immer Erfolge.
   => _____ .

3. Man hat das Rathaus abreißen wollen.
   Seine Räume sind dunkel und schlecht zu heizen.
   => _____ .

4. Die Leute wollten mit dem Bus nicht weiter fahren.
   Ihr Fahrer war betrunken.
   => _____ .

5. Wir konnten das Auto nicht selbst reparieren.
   Sein Motor war defekt.
   => _____ .

3. 부정 관계대명사 wer와 was의 사용

	1격	4격	3격	2격
사람	wer	wen	wem	wessen
사물	was	was	–	wessen

Wer zu uns kommt, ist meine Mutter.

Wer viel raucht, (der) gefährdet seine Gesundheit.

Wer sich das Rauchen abgewöhnen will, dem empfehlen wir einen Antirauchkurs.

Wem wir helfen, wohnt in Heidelberg.

Wen er liebt, ist sehr schön.

Was neu ist, ist nicht immer gut.

Was er kaufen möchte, ist sehr teuer.

Wessen ich jetzt bedarf, das will ich meiner Freundin geben.

Das ist alles, **was** ich weiß.

Das ist alles, **was** ich sagen wollte.

Es gibt nichts, **was** ihn interessiert.

Er ist sehr früh gekommen, **was** mich sehr gefreut hat.

* das, etwas, nichts, alles, vieles 다음에는 was가 온다.

II. 관계부사 wo와 wohin

Dort drüben ist die Universität. Ich habe an der Universität studiert.

=> Dort drüben ist die Universität, an der ich studiert habe.

=> Dort drüben ist die Universität, **wo** ich studiert habe.

Wir fahren heute nach München. Wir haben drei Jahre *in München* gewohnt.

=> Wir fahren heute nach München, **wo** wir drei Jahre gewohnt haben.

Fahren sie auch nach Garmisch? Ich fahre in diesem Sommer dorthin.

=> Fahren sie auch nach Garmisch, **wohin** ich in diesem Sommer fahre?

Es gibt vieles. Ich interessiere mich dafür.

=> Es gibt vieles, **wofür** ich mich interessiere.

Endlich hat er ein Auto gekauft. Ich habe schon lange auf ein Auto gewartet.

=> Endlich hat er ein Auto gekauft, **worauf** ich schon lange gewartet habe.

✍ 알맞은 관계대명사를 넣은 후 번역하시오.

1. _____ mir hilft, dem bin ich sehr dankbar.

2. _____ ich liebe, möchte ich nicht verlieren.

3. _____ den ganzen Tag arbeitet, ist abends müde.

4. _____ wir heute treffen, kommt aus Deutschland.

5. _____ er gelesen hat, war sehr interessant.

6. Sie gibt mir alles, _____ sie hatte.

7. Es gibt nichts, _____ ich mich interessiere.

8. Er hat etwas gemacht, _____ verboten ist.

9. Das ist alles, _____ wir schon gehört haben.

10. Das ist genau das, _____ wir eben sagen wollten.

11. Sie möchte in einer Stadt wohnen, _____ es viele schöne Restaurants gibt.

✍ 주어진 두 문장을 관계대명사를 사용하여 연결하시오.

1. Herr Kim wohnt jetzt in Berlin.

   Wir kennen ihn schon vier Jahre.

   => _____.

2. Die Kinder spielen immer im Garten.

   Die nette Frau hat ihnen Schokolade geschenkt.

   => _____.

3. Die Arbeiter freuen sich auf den Urlaub.

   Sie bekommen ihn im Sommer.

   => _____.

4. Wir fahren heute nach Busan.

   Wir haben drei Jahre in Busan gewohnt.

   => _____.

5. Kannst du mir eine Liste der Hotels geben?

   Die Preise der Hotels sind nicht hoch.

   => _____.

6. Wir sind nach Busan gefahren.

   Von dem Hafen Busans waren wir begeistert.

   => _____.

7. Wann kommt der Lehrer wieder?

   Ich habe sein Buch noch.

   => _____.

8. Der Professor sprach mit einem Studenten.

   Er war mit seinen Arbeiten sehr zufrieden.

   => _____.

9. Waren Sie schon in Spanien?

   Dort soll immer die Sonne scheinen.

   => _____.

10. Fahren Sie auch nach Heidelberg?

    Ich fahre in diesem Sommer dorthin.

    => _____.

11. Das Buch war sehr interessant.

    Ich habe dafür gar nicht viel bezahlt.

    => _____.

12. Das Haus hat mit meinem Bruder gut gefallen.

    Er hat drei Jahre darin gewohnt.

    => _____.

13. Er geht heute zu seinen Eltern.

    Er hat für sie eine Flasche Wein gekauft.

    => _____.

✏ 주어진 문장을 해석한 후 속뜻을 적으시오.

Vögel, die am Morgen singen, fängt am Abend die Katze.

Hunde, die bellen, beißen nicht.

Wer nicht hören will, muss fühlen.

Wer zuerst kommt, mahlt zuerst.

Wer zuletzt lacht, lacht am besten.

Wer anderen ein Grube gräbt, fällt selbst hinein.

Was ich nicht weiß, macht mich nicht heiß.

Wem nicht zu raten ist, dem ist nicht zu helfen.

Was dich nicht brennt, das blase nicht.

Es ist nicht alles Gold, was glänzt.

Iss, was gar ist, trink, was klar ist, sprich, was wahr ist!

✏ 다음 문장을 번역하시오.

Die Mutter wendet sich an ihren kleinen Sohn, der gerade aus der
Schule nach Hause kommt:
„Ich habe gerade aus dem Fenster gesehen und mich gefreut, dass du
dich mit dem kleinen Jungen von nebenan so gut verstehst."
Auf diese Lob hin bleibt der Sprössling still.
Die Mutter fährt fort:
„Ich habe gesehen, wie du dem Jungen seine Murmeln wiedergegeben
hast."
„Das waren nicht seine Murmeln, das waren seine Zähne."

Lektion 14 (vierzehn)

I. 형용사

　Sie ist schön.

　Er ist größer als ich.

　Sie ist so klein wie er.

　Hier steht ein größer Mann.

II. 형용사의 응용

　Das spielende Kind ist mein Bruder.

　Im vergangenen Jahr habe ich eine

　Reise gemacht.

I. 형용사

1. 형용사 어미 변화

Die Frau singt <u>schön.</u>
Die <u>schöne</u> Frau wohnt hier.

der neue Film	ein neuer Film
die neue Uhr	eine neue Uhr
das neue Haus	ein neues Haus

▶ **강변화 (형용사 + 명사)**

Hier steht kühl<u>es</u> Bier. Ich esse gern deutsch<u>e</u> Schokolade.

	남 성	여 성	중 성	복 수
1격	er	e	es	e
4격	en	e	es	e
3격	em	er	em	en
2격	en	er	en	er

	남 성	여 성	중 성	복 수
1격	guter Wein	klare Luft	reines Wasser	neue Autos
4격	guten Wein	klare Luft	reines Wasser	neue Autos
3격	gutem Wein	klarer Luft	reinem Wasser	neuen Autos
2격	guten Weins	klarer Luft	reinen Wassers	neuer Autos

Ich esse gern frisch<u>es</u> Obst.
Ich trinke gern französisch<u>en</u> Rotwein.
Der Teller ist aus rein<u>em</u> Gold.
Auf dem Bauernhof gibt es frisch<u>e</u> Milch.

▶ 약변화(정관사/정관사류 + 형용사 + 명사)

der alte Wagen   das neue Hemd   mit dem großen Auto

정관사, 정관사류: der, dies-, jen-, jed-, alle, manch-

	남 성	여 성	중 성	복 수
1격	e	e	e	en
4격	en	e	e	en
3격	en	en	en	en
2격	en	en	en	en

	남 성	여 성	중 성	복 수
1격	der gute Wagen	die neue Uhr	das neue Haus	die neuen Autos
4격	den guten Wagen	die neue Uhr	das neue Haus	die neuen Autos
3격	dem guten Wagen	der neuen Uhr	dem neuen Haus	den neuen Autos
2격	des guten Wagens	der neuen Uhr	des neuen Hauses	der neuen Autos

Der freundliche Herr Kim steht hinter dem großen Wagen.

Die alte Dame geht mit der schönen Frau.

Er kommt nicht wegen der alten Dame.

ein neu**es** Kleid **mein** neu**es** Buch

부정관사, 부정관사류: mein, dein, sein, ihr, unser, kein

	남 성	여 성	중 성	복 수
1격	er	e	es	en
4격	en	e	es	en
3격	en	en	en	en
2격	en	en	en	en

	남 성	여 성	중 성	복 수
1격	ein gut*er* Wagen	eine neu*e* Uhr	ein neu*es* Haus	keine neu*en* Autos
4격	einen gut*en* Wagen	eine neu*e* Uhr	ein neu*es* Haus	keine neu*en* Autos
3격	einem gut*en* Wagen	einer neu*en* Uhr	einem neu*en* Haus	keinen neu*en* Autos
2격	eines gut*en* Wagens	einer neu*en* Uhr	eines neu*en* Hauses	keiner neu*en* Autos

Er kommt mit **einem** interessant**en** Bericht in Seoul an.

Wir arbeiten jeden Tag für **ein** schön**es** Ergebnis.

Er gibt mir die Hand ohne **einen** freundlich**en** Blick.

✍ 주어진 형용사를 골라 연결하시오.

1. Das __freundliche__ Kind
2. Die _____ Zeit
3. Der _____ Herr
4. Die _____ Augen
5. Der _____ Chef
6. Die _____ Mutter
7. Die _____ Nachrichten
8. Das _____ Examen

gut, jung, freundlich,
groß, schlecht, leicht,
nett, streng, alt, fröhlich,
süß, klein, schön, dynamisch,
schwer, blau, grau,

✍ 밑줄 친 부분에 알맞은 형용사 어미를 넣으시오.

1. der freundlich__ Herr; die alt__ Dame; das klein__ Mädchen.
2. wegen des freundlich__ Herrn; wegen der alt__ Dame;
   wegen des klein__ Mädchens.
3. während einer gefährlich__ Fahrt; mit ein__ tüchtig__ Angestellten;
   ein höflich__ Mensch.
4. Die klein__ Uhr ist sehr teuer.
5. Wo ist die alt__ Frau?
6. Das weiß__ Auto steht hier.
7. Er braucht einen neu__ Reiseplan.
8. Sie kauft eine rot__ Tasche.
9. Wir trinken immer kalt__ Wasser.
10. Ich kenne die nett__ Leute.
11. Das ist ein sehr langweilig__ Film.
12. Er ist ein sehr intelligent__ Mann.
13. Sie ist meine groß__ Liebe.
14. Ihr klein__ Sohn ist wirklich sehr musikalisch.
15. Das ist ein sehr gemütlich__ Restaurant.
16. Geben Sie mir bitte den schwarz__ Stift dort.

18. Er ist ein halb__ Jahr in Deutschland.
19. Der Zug kommt in einer halb__ Stunde.
20. Gehen Sie bitte in den zweit__ Stock.
21. Ich besuche jeden fünft__ Tag meine Eltern.

🖎 밑줄 친 부분에 알맞은 형용사 어미를 넣으시오.

Es war einmal ein jung__ Mädchen, das mit seinen lieb__ Eltern in einem klein__ Häuschen am Rand eines groß__ Waldes lebte. Das Mädchen hatte von seiner alt__ Großmutter ein rot__ Käppchen bekommen, mit welchem es so hübsch__ aussah, dass die meist__ Leute es nur, das Rotkäppchen' nannten.

Eines Morgens sagte die Mutter zu Rotkäppchen: „Deine lieb__ Großmutter ist krank und liegt ganz allein im Bett. Deshalb sollst du sie besuchen und ihr einen groß__ Kuchen und eine Flasche Wein bringen. Aber geh gerade durch den dunkl__ Wald, denn dort wohnt der bös__ Wolf.

🖎 주어진 단어를 사용하여 문장을 완성하시오.

1. immer denken an – die langen Spaziergänge
   => Ich denke immer an die langen Spaziergänge.
2. sich freuen auf – der schöne, lange Strand
   => Er _____.
3. sich immer wieder erinnern an – der weite Himmel
   => Mein Freund _____
4. sich freuen auf – das gute Essen
   => Sein Vater _____.
5. sich freuen auf – die saubere Luft
   => Ihre Mutter _____.

✍ 1번과 같이 주어진 단어를 사용하여 문장을 완성하시오.

1. das Buch - interessant
   => Ich schenke ihr ein interessantes Buch.
2. die Uhr - neu
   =>
3. das Wörterbuch - deutsch
   =>
4. die Katze - klein
   =>
5. der Hund - groß
   =>
6. die Krawatte - teuer
   =>

▶ 다양한 형용사 익히기

형용사	의미	반대	형용사	의미	반대
1. fleißig		faul	11. weich		hart
2. groß		klein	12. viel		wenig
3. dick		dünn	13. lebendig		tod
4. langsam		schnell	14. spannend		langweilig
5. hübsch		hässlich	15. niedrig		hoch
6. nah		fern/weit	16. nördlich		südlich
7. dunkel		hell	17. kurz		lang
8. teuer		billig	18. krank		gesund
9. intelligent		dumm	19. ledig		verheiratet
10. weiß		schwarz	20. rechts		links

2. 비교급과 최상급

원 급	비교급(-er)	최상급(am -sten)	특징
billig schnell schlecht	billiger schneller schlechter	am billigsten am schnellsten am schlechtesten	형용사 + er => 비교급 am 형용사 + sten => 최상급
teuer dunkel	teurer dunkler	am teuersten am dunkelsten	-el, -er 형용사 => 비교급에서 e 생략
lang kurz groß	länger kürzer größer	am längsten am kürzesten am größten	a, o, u => ä, ö, ü 단모음 형용사의 경우
nah hoch	näher höher	am nächsten am höchsten	-h => 최상급에서 c 추가 -ch => 비교급에서 c 생략
wild breit hübsch	wilder breiter hübscher	am wildesten am breitesten am hübschesten	-d, -t, -s, -ss, -ß, -sch, -x, -z => 최상급에서 e 추가
gut gern viel	besser lieber mehr	am besten am liebsten am meisten	

* 색을 표현하거나 논리적으로 비교급, 최상급을 취하지 않는 형용사:
golden, schwarz, orange, pink, lila, rosa(ein rosa Bonbon), arbeitslos

* 비교급은 가능하나 최상급을 만들 수 없는 형용사:
bildhübsch, federleicht, tonnenschwer, grundfalsch, nagelneu, spottbillig,
stockdunkel, todsicher, eiskalt

Meine Mutter ist **klein**.

Er ist **so groß wie** seine Freundin.

Mein Onkel ist nicht **so groß wie** mein Vater.

Seine Eltern sind **größer als** meine Eltern.

Er arbeitet **viel**, aber sie arbeitet **mehr**.

Er interessiert sich **sehr** für Biologie, aber noch **mehr** für Chemie.

Die Mücke ist dick, aber die Fliege ist **noch dicker**.

Herr Müller hat viel Geld, aber Herr Kim hat **noch mehr**!

Frau Kim hat **viel mehr** Geduld als ihr Mann.

▶ 비교변화의 관용적 표현 익히기

1. mehr/ eher 원급 (A) als 원급 (B) : B라기보다는 오히려 A

   Er ist **mehr** wütend **als** traurig.

2. A weniger 원급 als B : A는 B보다 …못하다

   Hans ist **weniger** fleißig **als** Maria.

   Hans ist **nicht so** fleißig **wie** Maria.

3. als A + 비교급 denn als B : B라기보다는 오히려 A로서 더 …하다.

   Schmidt war **als** Künstler *berühmter* **denn als** Politiker.

4. je + 비교급……, desto + 비교급 : …하면 할수록 …하다

   Je *mehr* ich arbeite, **desto** *müder* bin ich abends.

   Je *schneller* er fertig wird, **desto** *mehr* verdient er.

5. immer + 비교급 = 비교급 und 비교급 : 점점 더 …하다.

   Das Wetter wird **immer** *schöner*.

   Das Wetter wird *schöner* **und** *schöner*.

6. nichts weniger als 원급 : 결코 …이 아니다

   Der Junge ist **nichts weniger als** dumm.

✍ 주어진 형용사의 비교급과 최상급을 적으시오.

원 급	비교급	최상급
1. dick	dicker	am dicksten
2. reich		
3. alt		
4. groß		
5. hoch		
6. viel		
7. teuer		
8. gut		
9. gern		
10. arm		
11. dunkel		

✍ wie 또는 als를 넣은 후 번역하시오.

1. Hamburg ist etwas groß _____ Vancouber.
2. Ist die Donau wirklich länger _____ der Rhein?
3. Der Eiffelturm ist nicht so hoch _____ das World Trade Center.
4. Was glauben Sie: Ist die Zugspitze höher _____ das Matterhorn oder umgekehrt?

✍ 밑줄 친 형용사를 비교급 또는 최상급으로 고치시오.

1. Sie ist ebenso <u>alt</u> wie meine Tochter.
   =>

2. Diese Straße ist viel <u>schmal</u> als jene.
   =>

3. Er ist <u>groß</u> als ich.
   =>

4. Mein Messer ist <u>gut</u> als deins.
   =>

5. Berlin hat viel <u>groß</u> Theater als Hamburg.
   =>

6. Dieses Gebäude ist <u>hoch</u> als das Hotel in dieser Stadt.
   =>

7. Der See ist in der Mitte <u>tief.</u>
   =>

8. Im Winter werden die Tage immer <u>kurz.</u>
   =>

9. Der Zug fährt <u>schnell</u> von allen Zügen.
   =>

✍ 주어진 예문과 같이 문장을 만드시오.

alt sein: meine Schwester, mein Vater, mein Großvater:
Meine Schwester ist alt, mein Vater ist älter,
mein Großvater ist am ältesten.

1. schnell laufen: ich, meine Schwester, meine Mutter
   =>

2. fleißig arbeiten: das Kind, der Schüler, der Student
   =>

3. viel kosten: die Hose, der Anzug, der Mantel

    =>

4. nah sein: das Kino, das Theater, die Schule

    =>

5. er, gern trinken: Wasser, Bier, Wein

    =>

6. groß sein: die Tochter, der Sohn, der Vater

    =>

✍ 동물과 관련된 표현

동 물	동 사	소 리
Hähne	krähen	kikiriki
Hühner	gackern	gackgack
Hunde	bellen	wauwau
Katzen	miauen	miau
Kühe	muhen	muhmuh
Schafe	blöken	bähbäh

✍ 동물과 결합된 관용적 표현과 의미

동물과 결합된 관용적 표현	의 미
1) wie ein Pferd arbeiten	sehr hart arbeiten
2) wie Hund Katze sein	sich nicht miteinander vertragen
3) mit den Hühnern aufstehen	sehr früh aufstehen
4) Schwein haben	Glück haben
5) wie ein Elefant im Porzellanladen	sich sehr ungeschickt verhalten
6) mein Name ist Hase	ich weiß von nichts
7) er hat einen Vogel	er ist verrückt.

✏ 다음 문장을 번역하시오.

„Mama, heute hat mich der Lehrer vor der ganzen Klasse gelobt."

„So, was hat er denn gesagt?"

„Ihr seid alle Dummköpfe, aber Fritzchen ist der größte."

II. 형용사의 응용

1. 형용사에서 전환된 명사

형용사	명 사
deutsch krank	der/ die Deutsche (ein Deutscher, eine Deutsche) der/ die Kranke (ein Kranker, eine Kranke)
gut, schlecht schön, best	das Gute, das Schlechte, das Schöne, das Alte das Neueste, das Schönste, das Beste
reisend spielend	der/ die Reisende (ein Reisender, eine Reisende) der/ die Spielende (ein Spielender, eine Spielende)
angestellt behindert	der/ die Angestellte (ein Angestellter, eine Angestellte) der/ die Behinderte (ein Behinderter, eine Behinderte)

✐ 1번과 같이 주어진 형용사를 명사형으로 표현하시오.

1. verliebt   ein _Verliebter_   diese _Verliebte_
2. arbeitslos   der _____   alle   _____
3. neugierig   eine _____   diese _____
4. verwandt   der _____   zwei   _____
5. böse   eine _____   manche _____
6. anwesend   ein _____   viele _____

172 독일어 쉽게 배우자!

✍ 1번과 같이 주어진 형용사를 명사형으로 표현하시오.

1. Beim Oktoberfest in München gibt es immer viele Betrunkene
   (betrunken).
2. Die Zahl der _____ (arbeitslos) in Deutschland steigt.
3. Die _____ (deutsch) trinken mehr Kaffee als Tee.
4. Das _____ (schön; 최상급) in Bayern sind die Berge.
5. Der Mann begrüßt alle _____ (anwesend) und beginnt mit
   seinem Vortrag.
6. Seitdem mein Freund schwer krank ist, lebt er wie ein _____
   (gefangen) in seiner Wohnung.
7. Hier haben alle _____ (angestellt) eine Krankenversicherung.

2. 현재분사와 과거분사(동사 =〉 형용사)

- 현재분사: 동사의 부정형 + d + 형용사 어미
Das **spielende** Kind ist mein Bruder.
Wir sehen die **strahlende** Sonne.
Auf der Straße sieht man viele **weinende** Kinder.
Der Reisende liest ein Buch mit **wachsendem** Interesse.
Wir beobachten die stark im Wind **schwankenden** Bäume.

- 과거분사: 동사의 과거분사 + 형용사 어미
Die Mutter legt das **eingeschlafene** Kind ins Bett.
Zur Zeit brauchen wir dringend hoch **entwickelte** Computer.
Im **vergangenen** Jahr haben wir eine große Reise gemacht.
Gestern hat er eine **ermordete** Frau auf der Straße gesehen.

- 문장의 전환(관계대명사절 => 형용사구)

Die Leute, die an den Tischen saßen, kamen aus Deutschland.

=> **Die** *an den Tischen sitzenden* **Leute** kamen aus Deutschland.

Die Tische, die am Fenster stehen, sind alle kaputt.

=> **Die** *am Fenster stehenden* **Tische** sind alle kaputt.

Die Frau, die neben dem Fenster steht, ist meine Schwester.

=> **Die** *neben dem Fenster stehende* **Frau** ist meine Schwester.

Das Problem, das nur schwer zu erledigen ist, verstehe ich nicht.

=> **Das** *nur schwer zu erledigende* **Problem** verstehe ich nicht.

✐ 주어진 문장을 해석한 후 속뜻을 적으시오.

Die dümmsten Bauern ernten die dicksten Kartoffeln.

Besser den Spatz in der Hand als die Taube auf dem Dach.

Besser spät als nie.

✐ 다음 문장을 번역하시오.

„Sie", fragt Fritz eine feine alte Dame auf der Straße,

„sagen Sie mal, wie komme ich denn hier zum Bahnhof?"

Entrüstet sich die alte Dame:

„Kannst du nicht ein bisschen höflicher fragen?"

„Nee, dann verlauf ich mich lieber."

Lektion 15 (fünfzehn)

I. 접속사

Du und ich gehen jetzt zur Kirche.

Meine Frau ist sehr krank, deshalb

muss sie zum Arzt gehen.

Wenn ich Zeit habe, dann lerne

ich Deutsch.

II. 의문사

Welches Auto kaufen Sie?

Was für ein Auto kaufen Sie?

I. 접속사

1. 병렬 접속사

병렬 접속사	의미
und aber oder denn	그리고 그러나 또는, 그렇지 않으면(명령문 다음에) 왜냐하면

Du **und** ich gehen jetzt zur Uni.
Der Lehrer zeigt das Buch, **und** die Schüler sehen es.
Er ist arm, **aber** er klagt nicht darüber.
Heute arbeiten wir, **aber** morgen haben wir Zeit.
Kaufe ich das Auto **oder** verkaufe ich es?
Lerne fleißig, **oder** du kannst die Prüfung nicht bestehen.
Er hört jetzt auf, **denn** er ist sehr müde.
Wir müssen jetzt gleich weg, **denn** der Zug fährt in einer Stunde.
Wir bleiben hier, **denn** wir haben abends noch einen Besuch.

✍ 접속사를 통해 다양한 문장을 만드시오.

1. Heute scheint die Sonne. Herr Kim ist sehr glücklich.
   => Heute scheint die Sonne, und Herr Kim ist sehr glücklich.
   => Herr Kim ist sehr glücklich, denn heute scheint die Sonne.
2. Er geht spazieren. Er schwimmt nicht gern.
   =>
3. Es regnet. Frau Kim ist immer noch glücklich.
   Die Tochter kommt heute Abend.
   =>

4. Endlich ist Urlaub! Fahren wir nach Österreich?

   Fahren wir nach Frankreich?

   =>

2. 부사적 접속사

부사적 접속사	의미
deshalb, deswegen	그렇기 때문에/ 그런 연유로
darum/ daher	그러므로/ 그런 까닭에
zuerst/ dann	우선/ 그 다음에, 그러면
vorher/ nachher	그 전에/ 그 다음에
trotzdem/ dennoch	그럼에도 불구하고/ ~에도 불구하고
sonst	그렇지 않으면

Meine Frau ist sehr krank, **deshalb** muss sie zum Arzt gehen.

Es schneit stark. **Daher** kommen nicht viele Leute zum Konzert.

Du musst fleißig lernen, **dann** hast du im Leben Erfolg.

Zuerst machen wir eine Pause, **dann** fahren wir los!

Sehen wir uns **nachher!**

Er war faul, **trotzdem** hat er die Prüfung bestanden.

Mach es jetzt. **Sonst** ist es zu spät!

3. 복합 접속사

복합 접속사	의미
nicht/ kein A, sondern B	A 가 아니라 B
sowohl A als auch B	A 뿐만 아니라 B
nicht nur A sondern auch B	A 뿐만 아니라 B
weder A noch B	A 도 B도 아니다
entweder A oder B	A 이거나 또는 B
zwar A aber B	A 이긴 하지만 B

Ich bleibe nicht. Ich gehe zur Universität.

=> Ich bleibe **nicht, sondern** gehe zur Universität.

An diesem Fernseher ist **nicht nur** der Lautsprecher kaputt, **sondern auch** das Bild.

Ich spreche **sowohl** Deutsch **als auch** Englisch.

Sie spricht **weder** Deutsch **noch** Englisch.

Ich fahre **entweder** nach Seoul **oder** nach Busan.

Das Heizen mit Strom ist **zwar** bequem, es ist **aber** teuer.

4. 종속접속사

종속접속사	의미
als wenn/ falls während bis seit/ seitdem	~ 했을 때: 과거의 단 일회의 행위 ~ 했을 때: 현재, 미래의 단 한번 또는 반복되는 행위 ~ 하는 동안/ ~하는 반면에 ~ 할 때까지 ~ 이래로
bevor nachdem sobald solange	~ 하기 전에 ~ 한 후에 ~ 하자마자 ~ 하는 한
weil (da)	~ 때문에
obwohl	비록 ~ 할지라도
damit	~ 하기 위해서
wie ob	~ 과 같이 ~ 인지 아닌지
dass	~ 라는 것

Als er das Feuer <u>bemerkte,</u> rannte er sofort zur Tür.

Wenn der Wecker <u>klingelt,</u> stehe ich sofort auf.

Während er am Schreibtisch <u>arbeitete</u>, sah sie fern.

Bis er aus Amsterdam <u>anruft</u>, bleibe ich im Büro.

Seitdem ich in Hamburg <u>bin,</u> habe ich eine Erkältung.

Bevor er sich <u>immatrikuliert</u>, muss er eine Prüfung machen.

Nachdem er gefrühstückt <u>hat</u>, beginnt er zu arbeiten.

Sobald er eine Flasche ausgetrunken <u>hat</u>, öffnet er gleich eine neue.

Solange er studierte, war sie berufstätig.

Weil er krank war, blieb er zu Hause.

Obwohl wir ständig streiten, sind wir gute Freunde.
Es ging ihm schlecht, **trotzdem** erledigte er seine Arbeit.

Ich habe so große Augen, **damit** ich dich besser sehen kann!
Er lernt Deutsch, **um** Goethe im Original lesen **zu** können.

Er ist so reich, **wie** ich vermutet habe.
Ich weiß nicht, **ob** er kommt.

Dass Sie gut angekommen sind, freut mich.
Es freut mich, **dass** Sie gut angekommen sind.

✍ 알맞은 접속사를 골라 문장을 완성시키시오.

---
und, aber, oder, denn,

als, bevor, nachdem, obwohl, während, weil, wenn,
---

1. Er kocht Suppe _____ bäckt ein Brot.
2. Sie kann zwar schon Auto fahren, _____ sie hat noch keinen Führerschein.
3. In der Freizeit liest sie _____ hört Musik.
4. Am besten nimmst du die Wäsche ab, _____ es sieht nach Regen aus.
5. _____ der Film zu Ende war, schaltete er den Fernseher aus.
6. _____ er in Urlaub fährt, mäht er den Rasen ganz kurz.
7. Das Auto fährt wieder gut, _____ es zur Reparatur war.
8. Er raucht immer Zigaretten, _____ der Arzt es ihm verboten hat.

9. _____ ich das Essen warm mache, könntes du vielleicht schon den Tisch decken.

10. Er isst viel Obst und Gemüse, _____ das sehr gesund ist.

11. _____ die Sonne scheint, gehen sie nachmittags oft spazieren.

✍ 알맞은 접속사를 골라 문장을 완성시키시오.

als, wenn, nachdem, bis, während, obwohl, weil, trotzdem, denn

1. Ich muss jetzt weg, _____ der Zug fährt gleich ab.

2. Er war faul, _____ hat er die Prüfung bestanden.

3. _____ ich in Heidelberg ankam, besuchte ich meinen deutschen Freund.

4. _____ wir keine Lösung finden, wird es zu einem Streik kommen.

5. _____ er die Prüfung gemacht hatte, ging er nach Amerika.

6. Ich bleibe da, _____ alles geregelt ist.

7. _____ er sehr nervös ist, ist seine Frau sehr ruhig.

8. _____ er weggefahren ist, ist seine Frau immer krank.

9. _____ ich meine Großmutter besuchte, freute sie sich immer.

10. _____ es regnete, ging er spazieren.

✍ 주어진 접속사를 사용하여 문장을 완성시키시오.

1. bis

Unsere Tochter heiratet. Wir haben etwa 10.000 Euro gespart.

=>

2. sobald

Ich hatte mich hingelegt. Das Telefon klingelte auch schon.

=>

3. wenn

Ich lege mich ins Bett. Ich bin müde.

=>

4. als

Ich besuchte meinen Freund im Krankenhaus. Mein Freund war nicht da.

=>

5. während

Wir hatten schlechtes Wetter. Wir machten eine Reise durch Afrika.

=>

6. seitdem

Er ist hier angekommen. Er besucht das Institut für Ausländer.

=>

7. weil

Mein Vater muss jetzt nach Hause fahren. Meine Mutter ist sehr krank.

=>

8. damit

Ich trage eine Brille. Ich sehe besser.

=>

9. trotzdem

Der Mann war unschuldig. Er bekam eine Strafe.

=>

10. zwar ..... aber

Der Versuch war sehr gefährlich. Er wagte ihn doch.

=>

5. zu + 부정형 용법

▶ 문장에서 주어 기능

Viel Alkohol zu trinken ist der Gesundheit schädlich.

Starken Kaffenn zu trinken schadet der Gesundheit.

Früh aufzustehen ist mir schwer.

▶ 문장에서 목적어 기능

Es freut mich, **Sie wiederzusehen.**

Langsam begann er, **Deutsch zu verstehen.**

Ich hoffe, **bald nach Deutschland zu fahren.**

Er hat versucht, **seine Tochter zu beruhigen.**

▶ 문장에서 명사 또는 형용사를 수식

Ich habe jetzt keine Lust, **ins Kino zu gehen.**

Ich habe die Hoffnung aufgegeben, **Urlaub zu machen.**

Ich bin bereit, **gleich ins Ausland loszufahren.**

Der Schüler ist nicht fähig, **die Aufgabe zu lösen.**

▶ 문장에서 um, ohne, statt와 결합 또는 독자적으로 사용

Ich fahre nach Deutschland, **um** Deutsch **zu** lernen.(~하기 위하여)

Der Mann geht weg, **ohne** mich **zu** grüßen.(~하지 않고)

(An)statt zu arbeiten, geht mein Vater jeden Tag aus.(~하는 대신에)

um es kurz **zu** sagen

so**zu**sagen

um ehrlich **zu** sein, ehrlich gesagt

davon ganz **zu** schweigen

▶ dass- 부문장 과 da(r)- 부문장.

Sie vergisst darauf, dass sie das Fenster öffnet.

Sie vergisst darauf, das Fenster zu öffnen.

Ich warte auf meine Freundin.

Ich warte darauf, dass sie kommt.

Ich warte darauf, mit meiner Freundin zu sprechen.

Wir erkundigen uns danach, ob wir ihn schon besuchen dürfen.

✍ 보기에서 적합한 dass- 문장을 골라 zu-Infinitiv 문장으로 고치시오.

> dass Sie mir den Teppich heute noch bringen?
> dass ich jeden Morgen um fünf Uhr aufstehen muss.
> dass ich euch eure Ferienreise finanzieren kann.
> dass wir immer noch auf einen Telefonanschluss warten.
> dass die Mieter das Treppenhaus reinigen?
> dass ihr euch eine Quittung über die Getränke geben lasst!
> dass ich dich endlich wiedersehe!
> dass ihn immer wieder Hunde der Hausbewohner anfallen?

1. Ich kann mich nicht daran gewöhnen,
   =>

2. Warum kümmert sich der Hausbesitzer nicht darum,
   =>

3. Wie soll der Briefträger sich denn davor schützen,
   =>

4. Kann ich mich auf Sie verlassen,
   =>

5. Wie sehne ich mich danach,
   =>

6. Du musst beim Fernmeldeamt Bescheid geben,
   =>

7. Denkt bitte im Lebensmittelgeschäft daran,
   =>

8. Ich habe leider nicht soviel Geld,
   =>

✍ 제시된 문장을 um-zu-Infinitiv로 표현하기.

1. Mein Vater mietet einen Agenten, damit er seinen Gegner beseitigt.
   =>

2. Der Mann spart eifrig, damit er sich ein Auto kaufen kann.
   =>

3. Die Mutter betrat das Kaufhaus und verließ es nach einer halben Stunde wieder, damit sie auf der Bank Geld abhebte.
   =>

4. Der Kranke fuhr an die Küste, damit er sich von seiner Krankheit erholte.
   =>

5. Der Student muss besser vorbereitet sein, damit er den Vortrag gut halten kann.
   =>

6. Die Frau fährt in die Stadt, damit sie ihren Arzt konsultiert.
   =>

✏ 주어진 문장을 해석한 후 속뜻을 적으시오.

Das Hemd ist mir näher als Rock.
Wenn zwei sich streiten, freut sich der Dritte.
Bitter im Mund ist dem Magen gesund.

✏ 다음 문장을 번역하시오.

Huge geht lässig mit einer Zigarette im Mund über die Straße.
Da kommt die Nachbarin und fragt:
„Wissen deine Eltern denn, dass du schon rauchst?"
„Weiß Ihr Mann denn, dass Sie auf der Straße fremde Männer anquatschen?"

✐ 다음 문장을 번역하시오.

Ralf klopft an die Zimmertür seines Freundes:
„Öffne die Tür, ich weiß, dass du da bist."
Da keine Antwort kommt, fährt Ralf fort:
„Du musst da sein, denn deine Schuhe stehen vor der Tür."
Da kommt von drinnen die Stimme seines Freundes:
„Ich bin in Pantoffeln ausgegangen."

6. 종속절을 이끄는 의문사

Wir wissen nicht, woher er **kommt**.
Haben Sie gehört, wann meine Frau in Heidelberg **ankommt?**
Ich weiß wirklich nicht, warum er **fährt**.
Ihr habt keine Ahnung, wie er **heißt**.

Ich weiß nicht, <u>**ob** sie in Stuttgart **wohnt.**</u>
<u>**Ob** sie in Stuttgart **wohnt,**</u> weiß ich nicht.

✐ 다음 문장을 번역하시오.

Richter zum Angeklagten:
„Wann haben Sie Geburtstag?"
Der Angeklagte schweigt. Der Richter fragt ihn daraufhin noch einmal:
„Nun sagen Sie schon endlich, wann haben Sie Geburtstag?"
Der Angeklagte schließlich mürrisch:
„Sie schenken mir ja doch nichts."

II. 의문사 welch-?와 was für (ein-)?

1. welch-?

* 특정한 사람, 혹은 사물의 선택에 관해 질문할 때 사용
* 대답 시 정관사로 대답

Welches Kleid ziehen Sie an, das rote oder das blaue?
=> Ich ziehe das rote Kleid an.
Mit welchem Zug ist er angekommen?
=> Mit dem D-Zug um 14.20 Uhr.
Welchen möchten Sie gern probieren?
=> Den Rotwein hier.
Wir fahren mit der Straßenbahn. **Mit welcher** müssen wir fahren?
=> Mit der Linie 8.

2. was für (ein-)?

* 정해지지 않은 사람, 혹은 사물을 물을 때 사용
* 대답 시 부정관사로 대답

Was für ein Kleid wollen Sie?
=> Ein leichtes Sommerkleid.
Was für einen Wein möchten Sie?
=> Einen fränzösischen Rotwein.

Mit was für einem Wagen ist er gefahren?
=> Mit einem dunkelgrünen PKW.
Ein Herr hat es mir erzählt. **Was für einer?**
=> Ein Kaufmann aus Hamburg.

🖐 welch-? 또는 was für (ein-)?을 사용하여 밑줄 친 부분에 대한 의문문을
만드시오.

1. Wir haben eine schöne Reise gemacht.
   =>

2. Wir sind mit einem ganz neuen Auto gefahren.
   =>

3. Den alten Anzug trage ich nicht gern.
   =>

4. Ich möchte einen kleinen Tisch kaufen.
   =>

5. Ich kann meine braune Tasche nicht finden.
   =>

6. Hamburg ist eine bekannte Handelsstadt.
   =>

7. Es gibt viele bekannte Lieder über den Rhein.
   =>

✎ 보기에 있는 단어를 골라 알맞게 넣으면서 문장을 번역하시오.

> 보기: Abitur, Ausbildung, Berufe, dualen, Gesamtschule, Grundschule, Gymnasium, Hauptschule, Kindergarten, Realschule, Universität,

Die meisten Kinder kommen im Alter von sechs Jahren in die _____.
Vorher waren sie zwei oder drei jahren im _____. Die Grundschule
dauert vier Jahre. Danach besuchen sie entweder _____ (etwa
25%), die _____ (ca. 25%) oder das Gymnasium (34%). In einigen
Bundesländern gibt es _____, in denen die Haupt- und Realschule
und das Gymnasium zusammengefasst sind.

Das _____ dauert mit 13 bzw. 12 Schuljahren am längsten. Der
Abschluss des Gymnasiums heißt „_____". Wer sein Abitur hat,
kann an einer Fachhochschule oder einer _____ studieren.

Die meisten jungen Leute machen nach der Hauptschule eine
_____(„Lehre") und werden zum Beispiel Maler, Kfz-Mechaniker oder
Verkäuferin. Die Realschüler ergreifen häufig kaufmännische _____.

Die Berufsausbildung in Deutschland findet teilweise in der Berufsschule
und zum Teil im Betrieb statt. Deshalb spricht man vom
„_____"(d.h. „zweifach") System.

Lektion 16 (sechzehn)

I. 수동태

Das Auto wird von mir gekauft.

Das Auto ist von mir gekauft worden.

Das Auto kann von mir gekauft
werden können.

II. 미래형

Ich werde alles besser machen!

I. 수동태

1. 수동태의 유형 및 사용

Ich kaufe das Auto.

=> Das Auto **wird** von mir **gekauft.**

Der Arzt untersucht den Patienten vor der Operation.

=> Der Patient **wird** von dem Arzt vor der Operation **untersucht.**

Man renoviert jetzt endlich die alten Häuser am Marktplatz.

=> Die alten Häuser am Marktplatz **werden** jetzt **renoviert.**

Die Luftverschmutzung verursacht Schäden am Kölner Dom.

=> Die Schäden am Kölner Dom **werden** durch die Luftverschmutzung **verursacht.**

* 능동태 문장에서 4격 목적어(구)는 수동태 문장에서는 1격으로 전환
* 수동태 1격에 맞게 werden 동사 변화시키고 능동태 동사는 p.p.(과거분사) 형태로 전환: werden .... p.p.(과거분사)

* **현재, 과거형 문장을 수동태로 만들기**

Ich kaufe den Wagen.(현재형)

=> Der Wagen **wird** von mir **gekauft.**

Ich kaufte den Wagen.(과거형)

=> Der Wagen **wurde** von mir **gekauft.**

Ich werde den Wagen kaufen.(미래형)

=> Der Wagen **wird** von mir **gekauft werden.**

* 완료형 문장을 수동태로 만들기

Ich habe den Wagen gekauft.

=> Der Wagen **ist** von mir **gekauft worden.**

Ich hatte den Wagen gekauft.

=> Der Wagen **war** von mir **gekauft worden.**

werden + 과거분사	
현재	Der Wagen wird gekauft.
과거	Der Wagen wurde gekauft.
미래	Der Wagen wird gekauft werden.
현재완료	Der Wagen ist gekauft worden.
과거완료	Der Wagen war gekauft worden.

* (화법)조동사가 있는 문장을 수동태로 만들기

Ich <u>werde</u> es <u>trinken</u>.

조동사는 그대로 p.p+werden

=> Es **wird** von mir **getrunken werden.**

Ich kann das Auto kaufen.

=> Das Auto **kann** von mir **gekauft werden.**

Er muss den Füller kaufen.

=> Der Füller **muss** von ihm **gekauft werden.**

Ich habe das Auto kaufen können.

=> Das Auto **hat** von mir **gekauft werden** können.

Ich habe das Kind treffen wollen.

=> Das Kind **hat** von mir **getroffen werden** wollen.

화법 조동사 + 수동태 기본형		
현재	Der Wagen kann	gekauft werden.
과거	Der Wagen konnte	gekauft werden.
미래	Der Wagen wird	gekauft werden können.
현재완료	Der Wagen hat	gekauft werden können.
과거완료	Der Wagen hatte	gekauft werden können.

* 상태를 나타낼 때의 표현 (상태수동)

Ich öffne das Fenster.

Das Fenster wird von mir geöffnet.

=> Das Fenster **ist geöffnet**.

=> Das Auto **ist** schon **verkauft**.

* 4격 목적어가 없는 문장을 수동태로 만들기

Ich helfe dir.

=> **Es wird** dir von mir **geholfen**.

=> **Dir wird** von mir **geholfen**.

Man tanzt hier oft.

=> **Es wird** hier oft **getanzt**.

=> **Hier wird** oft **getanzt**.

Man arbeitet sonntags nicht.

=> **Es wird** sonntags nicht **gearbeitet**.

=> **Sonntags wird** nicht **gearbeitet**.

✍ 다음의 문장을 수동태로 만드시오.

1. Er baut ein Haus.
   =>
2. Die Stadt hat eine große Schule gebaut.
   =>
3. Ich schreibe diesen Brief nicht.
   =>
4. Mina hat diesen Brief geschrieben.
   =>
5. Er muss in diesem Semester Deutsch fleißig lernen.
   =>
6. Die Studenten wollen die Bücher selber kaufen.
   =>
7. Meine Mutter hat gestern ein Buch kaufen müssen.
   =>
8. Mein Freund soll die Aufgabe machen.
   =>

✍ werden을 알맞게 적은 후 해석하시오.

1. Ich _____ mal wieder von keinem verstanden. Was soll ich tun?
2. Hast du schon gehört? Maria ist gestern aus dem Krankenhaus entlassen _____.
3. Der Streik _____ heute Morgen nach tagelangen Verhandlungen beendet.
4. Keine Sorge, ihr _____ sicher auch noch eingeladen.
5. Die Abteilung hat kein Geld mehr. Deshalb müssen diese Zeitung abbestellt _____.

🖎 다음의 문장을 수동태로 만드시오.

1. Wir bringen die Geräte ins Haus.
   =>

2. Er führt die neuesten Apparate vor.
   =>

3. Meine Schüler bedienen die Kunden höflich.
   =>

4. Das Kaufhaus macht günstige Angebote.
   =>

5. Man bedroht Parteigegner.
   =>

6. Wir holen den Fernseher ab und reparieren ihn.
   =>

7. Man steckt Unschuldige ins Gefängnis.
   =>

8. Man unterdrückt die freie Meinung.
   =>

9. Meine Frau kauft eine schöne Uhr.
   =>

10. Man misshandelt die Gefangenen.
    =>

11. Mein Vater hat die Fahrkarten bestellt.
    =>

12. Meine Mutter hat die Ausflüge organisiert.
    =>

13. Herr Müller hat das Zimmer bezahlt.
    =>

14. Mein Freund muss seine Rechnung bezahlen.
    =>

15. Wir haben das Geld leider nicht zahlen können.

=>

16. Die Polizei hat die Frau sofort verhaften müssen.

=>

✍ 주어진 단어를 사용하여 수동태로 만드시오.

1. streichen, die Fassade des Hauses, voriges Jahr

=> _____.

2. benutzen, nicht viel, bei uns, der Computer

=> _____.

3. verschweigen, in dem Zeitungsartikel, viele Einzelheiten

=> _____.

4. nachschicken, nach meinem Umzug, meine Briefe, von der Post

=> _____.

5. veröffentlichen, einige Werke des Schriftstellers, erst nach seinem Tod

=> _____.

✐ 다음 문장을 번역하시오.

Ein Western wird gedreht. Sagt der Regisseur zum Hauptdarsteller:
„Zum Schluss springst du von der Brücke direkt in den Fluß.“
„Aber ich kann doch gar nicht schwimmen!“ protestiert der Schauspieler.
„Da mach dir mal keine Gedanken. Das ist sowieso die letzte Einstellung
in diesem Film“, beruhigt ihn der Regisseur.

✏ 다음 문장을 번역하시오.

Ede sitzt im Knast und fühlt sich gar nicht wohl.

Schließlich kommt er ins Krankenrevier, und der Blinddarm wird ihm herausgenommen.

Kaum hat er sich erholt, müssen ihm einige Zähne gezogen werden.

Als nächstes müssen die Mandeln entfernt werden.

Als er von dieser Operation zurückkommt, meint sein Wärter zu ihm:

„Junge, jetzt habe ich dich durchschaut, du willst hier portionsweise entkommen!"

II. 미래형

1. 미래형 용법

* werden + ...Infinitiv

	werden		Infinitiv
Ich	werde	bald mit der Arbeit	anfangen.
Du	wirst	alles besser	machen.
Morgen	wird	das Wetter schön	(werden)
Wir	werden	in Deutschland	studieren
Ihr	werdet	noch viel	lernen müssen.
Sie	werden	bestimmt	kommen

* 현재동사 + 미래를 나타내주는 단어

Morgen ist mein Lehrer nicht da.

Er ist in einer Woche mit der Arbeit fertig.

in einer Minute, in fünf Minuten, in einer Stunde, in drei Stunden
in drei Tagen, in acht Tagen...
in einer Woche, in drei Wochen, in einem Monat, in einem Jahr...
diese Woche, nächste Woche, nächsten Monat, nächstes Jahr

In einer Woche ist schon Weihnachten!
Wir fahren **nächstes Jahr** nach Amerika in Urlaub.
Wir sehen uns **heute Abend!**

✐ 주어진 문장을 해석한 후 속뜻을 적으시오.

Wer den Schaden hat, braucht für den Spott nicht zu sorgen.
Wenn die Katze weg ist, tanzen die Mäuse auf dem Tisch.
Der Krug geht so lange zum Brunnen, bis er bricht.

Lektion 17 (siebzehn)

I. 접속법 I 식

Er sagte, er wisse nichts davon.

Die Freundin meinte, dass er gut

aussehe.

II. 접속법 II식

Wenn ich viel Zeit hätte, würde ich

kommen.

Wenn ich ein Vögel wäre, könnte

ich fliegen.

I. 접속법 I 식

1. 접속법 I 식 동사형태

인칭	어미	rufen	planen	wollen	haben	sein
ich	-e	rufe	plante*	wolle	hätte*	sei
du	-est	rufest	planest	wollest	habest	seiest
er/es/sie	-e	rufe	plane	wolle	habe	sei
wir	-en	rufen	planten*	wollten*	hätten*	seien
ihr	-et	rufet	planet	wollet	habet	seiet
sie/Sie	-en	rufen	planten*	wollten*	hätten*	seien

* 접속법 I식의 동사 형태는 동사어간에 접속법 인칭어미를 붙여서 만든다.
  대부분 직설법 현재형과 비슷하다.
  접속법 I식의 1/3인칭 단수형 어미는 동일(-e),
  2인칭 단수 및 복수형 어미에 -e(-est, et)를 덧붙임
* 접속법 I식의 동사 형태가 직설법과 같으면 접속법 II식의 형태를 사용한다.
  ich gehe => ginge / wir haben => hätten
* 접속법 I식과 II식은 일상회화에서 구별 없이 사용된다.

직설법	접속법 I식
Er wird gehen.	Er **werde** gehen.
Er geht.	Er **gehe**.
Er ging. Er ist gegangen. Er war gegangen.	Er **sei gegangen**.

2. 접속법 I 식 문장유형(간접화법)

직접화법	간접화법
Er sagt zu mir, „Ich bin sehr fleißig."	Er sagte zu mir, er **sei** sehr fleißig.
Er sagt zu mir, „Ich war sehr fleißig."	Er sagte zu mir, **er sei** sehr fleißig **gewesen.**
Er fragt, „Gehst du morgens zur Wahl?"	Er fragt, **ob** ich morgens zur Wahl **ginge.**
Er fragt, „Wann gehst du zum Wahllokal?"	Er fragt, **wann** ich zum Wahllokal **ginge.**
Er sagte zu mir, „Gib es zu mir."	Er **sagte** zu mir, **ich solle** es zu **ihm** geben .

* 접속법 I 식은 직접화법을 간접화법으로 전환할 때 사용
* 첫 번째 주문장은 항상 '말하다', '이야기하다' 등의 동사가 온다(sagen, berichten, meinen...)
* 인칭대명사는 간접화법에서는 변한다.
* 두 번째 종속문장에서는 화자와 연관된 내용이 언급

🖎 직설법 문장을 접속법 I식(간접화법)으로 고친 예문.

Thomas erzählt (erzählte) Hans:	Hans berichtet über dieses Gespräch:
„Fritz ist heute nicht zu Hause.	Thomas hat mir gesagt, dass Fritz heute nicht zu Hause *sei;* Fritz *sei* heute nicht zu Hause
Er fährt zu seinen Eltern, denn er muss mit seinem Vater sprechen.	Er *fahre* zu seinen Eltern, denn er *müsse* mit seinem Vater sprechen.
Fritz hatte gestern noch Besuch und ist heute früh abgefahren, nachdem er seinen Eltern ein Telegramm geschickt hatte.	Fritz *habe* gestern noch Besuch *gehabt* und *sei* heute früh *abgefahren*, nachdem er seinen Eltern ein Telegramm geschickt *habe*.
Wir konnten gestern nicht mehr zu dir kommen, denn Fritz hat seinen Koffer noch zum Bahnhof bringen wollen.	Wir(Thomas und Fritz) *hätten* gestern nicht mehr zu *mir* kommen *können*, denn Fritz *habe* seinen Koffer noch zum Bahnhof bringen *wollen*.
Nächste Woche kommt Fritz wieder; er wird mir sicher etwas Schönes mitbringen.	Nächste Woche *komme* Fritz wieder; er *werde* ihm(Thomas) sicher etwas Schönes mitbringen.
Er muss mir dann viel von den Eltern erzählen.	Er(Fritz) *musse ihm*(Thomas) dann viel von den Eltern erzählen.
Komm doch unbedingt am nächsten Freitag zu uns!	Ich *müsse* unbedingt am nächsten Freitag zu *ihnen kommen*.
Ruf aber vorher an, wann wir dich erwarten können!	Ich *solle* aber vorher *anrufen*, wann *sie mich* erwarten *könnten*.

II. 접속법 II식

1. 접속법 II식 동사형태

		machen	haben	sein	kommen	können	werden
인칭	어미	machte	hatte	war	kam	konnte	wurde
ich	-e	machte	hätte	wäre	käme	könnte	würde
du	-est	machtest	hättest	wärest	kämest	könntest	würdest
er/es/sie	-e	machte	hätte	wäret	käme	könnte	würde
wir	-en	machten	hätten	wären	kämen	könnten	würden
ihr	-et	machtet	hättet	wäret	kämet	könntet	würdet
sie/Sie	-en	machten	hätten	wären	kämen	könnten	würden

* 접속법 II식은 직설법 과거형을 토대로 만든다.
* 규칙동사(예: machen)의 접속법 II식 형태는 직설법 과거형과 동일
　불규칙 동사(예: fahren)의 경우 a, o, u는 움라우트(ä, ö, ü)로 바뀐다.

직설법 : 　　Er ist krank, er kann dir nicht helfen.
접속법 II식 : Wenn er nicht krank **wäre**, **könnte** er dir helfen.

직설법	접속법 II식
Er fährt.	Er **führe**.
Er fuhr. Er ist (war) gefahren.	Er **wäre** gefahren.
Er las. Er hat gelesen	Er **hätte** gelesen.

2. 접속법 II식 문장유형

* Wenn .... 접속법 II식 동사

Der Bus kommt nicht.

=> Wenn der Bus doch käme!

Käme der Bus doch!

Es ist so heiß.

=> Wenn es nicht so heiß wäre!

Wäre es nicht so heiß!

Ich habe keine Zeit. Ich komme nicht zu dir.

=> Wenn ich Zeit hätte, käme ich zu dir.

Ich käme zu dir, wenn ich Zeit hätte.

Karl ist zu Hause. Seine Wohnungstür ist offen.

=> Wenn Karl zu Hause nicht wäre, wäre seine Wohnungstür nicht offen.

* würde + ... Infinitiv.

Wenn ich Zeit hätte, ginge ich ins Kino.

=> Wenn ich Zeit hätte, würde ich ins Kino gehen.

접속법 형태가 직설법 과거와 동일할 경우 이 형식을 사용

Wenn ich Karin fragte, berichtete sie mir von ihrer Tätigkeit.

=> Wenn ich Karin fragen würde, berichtete sie mir von ihrer Tätigkeit.

=> Wenn ich Karin fragte, würde sie mir von ihrer Tätigkeit berichten.

* Es wäre besser, Es wäre besser gewesen, ...

Er kümmert sich nicht um sein Examen.

=> Es wäre besser, wenn er sich um sein Examen kümmerte., wenn er
sich um sein Examen kümmern würde.

Er kümmerte sich nicht um sein Examen.

=> Es wäre besser gewesen, wenn er sich um sein Examen gekümmert hätte.

* sonst, andernfalls

Er musste ein Taxi nehmen. (er/ zu spät zum Bahnhof/ kommen)

=> Er musste ein Taxi nehmen, sonst wäre er zu spät zum Bahnhof
gekommen.

In diesem Winter musste man die Tiere des Waldes füttern. (sie/ alle/
verhungern)

=> In diesem Winter musste man die Tiere des Waldes füttern, sonst
wären sie alle verhungert.

* als ob, als wenn

Er spricht wie ein Deutscher.

=> Er spricht, als ob er ein Deutscher wäre.

als wenn er ein Deutscher wäre.

als wäre er ein Deutscher.

* 화법조동사를 사용한 접속법 II식

추측을 나타내고자 할 경우

Das Buch könnte im Bücherschrank sein.
Es müsste selbstverständlich sein, dass er sein Auto abschliesst.
Meine Mutter könnte (vielleicht) in der Kirche sein.

정중한 표현을 하고자 할 경우

Dürfte ich Sie bitten, das Fenster zu schließen?
Hätten Sie eine Zigarette?
Sie sollten hier nicht rauchen.

비현실적인 과거의 사태를 나타내는 경우

Ich kann das Problem lösen.
Ich habe das Problem lösen können.
=> Ich hätte das Problem lösen können.

Das müssen Sie mir sagen.
Das haben Sie mir sagen müssen.
=> Das hätten Sie mir sagen müssen.

Ich soll in Deutschland studieren.
Ich habe in Deutschland studieren sollen.
=> Ich hätte in Deutschland studieren sollen.

✍ 다음 주어진 문장을 연결한 후 번역하시오.

Wenn ich mehr Zeit hätte,	würde ich mehr sprechen.
Wenn ich mehr Wasser trinken würde,	käme ich noch schnell vorbei.
Wenn ich nicht so viel Angst vor Fehlen hätte,	ginge es mir besser.
Wenn ich nicht so müde wäre	würde ich öfter meditieren

1. Wenn ich mehr Zeit hätte, _____.
2. Wenn ich mehr Wasser trinken würde, _____.
3. Wenn ich nicht so viel Angst vor Fehlen hätte, _____.
4. Wenn ich nicht so müde wäre, _____.

✍ 제시된 두 문장을 비현실적 사태를 나타내는 문장으로 고치시오.

1. Heute regnet es. Er bleibt zu Hause.
   =>
2. Ich bin nicht reich. Ich mache keine Weltreise.
   =>
3. Das Auto war teuer. Herr Müller hat es nicht gekauft.
   =>
4. Ich habe meinen Schlüssel vergessen.
   Wir können nicht ins Haus gehen.
   =>
5. Du hast mich gestern nicht besucht. Du hast keine Zeit gehabt.
   =>
6. Ich habe wenig Geld. Ich baue mir nicht Haus.
   =>
7. Der Fahrgast hat keinen Fahrschein gehabt.
   Er hat 40 Euro Strafe zahlen müssen.
   =>

8. Du hast das verdorbene Fleisch gegessen.

   Dir ist schlecht geworden.

   =>

9. Der Ausländer hat den Beamten falsch verstanden.

   Er ist in den falschen Zug gestiegen.

   =>

10. Der Apotheker hatte keine Alarmanlage installiert.

    Die Diebe konnten unbemerkt eindringen und bestimmte Medikamente

    mitnehmen.

    =>

✍ 아래와 같이 주어진 단어를 사용하여 접속법 II식 문장으로 고치시오.

Zu Fuß kannst du den Zug nicht mehr erreichen;

(mit dem Taxi/ noch rechtzeitig zur Bahn kommen)

=> Mit dem Taxi könntest du noch rechtzeitig zur Bahn kommen.

---

1. Ohne Antenne kannst du das Programm von Bayern III empfangen;

   (mit Antenne/ du/ es gut hereinbekommen)

   =>

2. Hier müssen alle Kraftfahrzeuge langsam fahren;

   (Ohne diese Vorschrift/ es/ viele Unfälle geben)

   =>

3. Leider ist unser Auto kaputt;

   (sonst/ wir/ heute ins Grüne fahren)

   =>

4. Ohne Licht darfst du abends nicht radfahren;

   (sonst/ dir/ ein Unglück passieren)

   =>

5. Du brauchst unbedingt eine Waschmaschine;

   (damit/ du/ viel Zeit sparen)

   =>

6. Du machst dir keine genaue Zeiteinteilung;

   (sonst/ du/ viel mehr schaffen)

   =>

7. Diesen Ofen benutzen wir in der Übergangszeit;

   (im Winter/ wir/ das Haus damit nicht warm bekommen)

   =>

8. Die Arbeiter müssen zurzeit Überstunden machen;

   (die Firma/ andernfalls/ die Liefertermine nicht einhalten)

   =>

9. Hier darfst du nicht fotografieren;

   (du/ wegen Spionage verhaftet werden)

   =>

10. Der Lehrer sprach so laut;

    (als ob/ seine Schüler/ alle schwerhörig sein)

    =>

✏ 주어진 문장을 해석한 후 속뜻을 적으시오.

Wer zu spät kommt, den bestraft das Leben.

Was Hänschen nicht lernt, lernt Hans nimmermehr.

Wer hätte das gedacht.

Übungen

I. 종합연습문제

📧 주어진 문장에서 잘못된 부분을 찾아내시오.

1. Vorlesung ist interesting.
2. Meine Mantel ist schön.
3. Ich gehe Heidelberg.
4. Ich habe einen Gerburtstag.
5. Sie sind Schwester schön.
6. Ich heute kein Vorlesung.
7. Du gehst zu Frankfurt.
8. Ich gehen Berlin.
9. Meine Vorlesung ist heute.
10. Ich habe heute kein Vorlesung.
11. Er kauft ein Mantel.
12. Unsere Vorlesung ist Nachmittag.
13. Ich kauft einen Auto.
14. Ich heute Pause.
15. Meine Unterricht ist heute.
16. Du bist faul Kind.
17. Ich kaufe ein Mantel.
18. Ich heiße Vorlesung.
19. Ich gehe ein Geschenk zu mein Freund.
20. Dein hund ist faul.
21. Machen wir pause.
22. Mein Vater habe gerburstag.
23. Sie Vorlesung ist gut.
24. Mein kaufen eine Mantel.
25. Ihr gehen Uni.

✍ 주어진 문장에서 잘못된 부분을 찾아내시오.

1. Er kaufen Geschenk.
2. mein hund ist faul.
3. mein katze ist faul.
4. Ich kaufe ein Mantel.
5. Meine Hund ist teuer.
6. Ich gehe Uni.
7. Dein Geburstag bist heute.
8. Mein Vater ist Geburstag.
9. Du habest eine Vorlesung.
10. Das ist einen Mantel.
11. Du gehest Hause.
12. Ich habe kaufen einen Mantel.

✍ 주어진 의문사를 골라 넣으시오.

Wann	Warum	Was	Welchen	Wer	Wem	Wen
Wessen	Wie	Wie viel	Wo	Woher	Wohin	Womit
Wofür	Woran	Worauf				

1. _____ machen Sie am Wochenende? – Einen Ausflug
2. _____ warten Sie? – Auf den Bus
3. _____ brauchen Sie den Computer? – Für meine E-Mail.
4. _____ ist das? – Das ist meine Mutter.
5. _____ rufst du an? – Meine Eltern
6. _____ leihst du das Buch? – Meinem Freund.
7. _____ wohnen Sie? – In Frankfurt.
8. _____ Portmonee ist das? – Das ist meins.
9. _____ fahren Sie? – Nach Berlin.
10. _____ für Musik lieben Sie? – Nur moderne Musik.

11. _____ viele Kinder haben Sie? – Nur ein Mädchen.

12. _____ kommen Sie? – Aus Korea.

13. _____ kostet das? – Nur ein paar Euro.

14. _____ Schauspieler mögen Sie? – Charlie Chaplin.

15. _____ oft haben Sie Unterricht? – Zwei Mal pro Woche.

16. _____ haben Sie geheiratet? – Vor 10 Jahren.

17. _____ gehst du nicht zur Schule? – Weil ich krank bin.

18. _____ lange leben Sie schon im Ausland? – Seit zwei Jahren.

19. _____ denkst du? – An meine Arbeit.

20. _____ fährst du zum Bahnhof? – Mit einem Taxi.

✍ 현재완료형으로 고치시오.

Du musst die Schuhe **putzen!**

– Die habe ich schon **geputzt!**

Du musst .....

1. das Auto reparieren. – Das habe ich schon _____.

2. den Vertrag kopieren. – Den habe ich schon _____.

3. die Schulaufgaben machen. – Die habe ich schon _____.

4. die Vokabeln lernen. – Die habe ich schon _____.

5. den Koffer packen. – Den habe ich schon _____.

6. den Hund füttern. – Den habe ich schon _____.

7. das Mittagessen kochen. – Das habe ich schon _____.

8. den Flug buchen. – Den habe ich schon _____.

9. das Hemd bügeln. – Das habe ich schon _____.

10. den Tisch decken. – Den habe ich schon _____.

11. die Kartoffeln schälen. – Die habe ich schon _____.

12. die Getränke einkaufen. – Die habe ich schon _____.

13. die Kinder wecken. – Die habe ich schon _____.
14. das Zimmer aufräumen. – Das habe ich schon _____.
15. die Frage beantworten. – Die habe ich schon _____.
16. das Taxi bestellen. – Das habe ich schon _____.
17. die Oma besuchen. – Die habe ich schon _____.
18. die Rechnung bezahlen. – Die habe ich schon _____.
19. das Zimmer tapezieren. – Das habe ich schon _____.
20. das Geschirr abtrocknen. – Das habe ich schon _____.

✍ 현재완료형으로 고치시오.

Du musst die Schularbeiten **beginnen!**
– Die habe ich schon **begonnen!**

Du musst ....
1. die Hände waschen. – Die habe ich schon _____.
2. die Tabletten nehmen. – Die habe ich schon _____.
3. den Brief schreiben. – Den habe ich schon _____.
4. die Nägel schneiden. – Die habe ich schon _____.
5. den Kellner rufen. – Den habe ich schon _____.
6. das Fleisch braten. – Das habe ich schon _____.
7. die Blumen gießen. – Die habe ich schon _____.
8. den Roman lesen. – Den habe ich schon _____.
9. das Lied singen. – Das habe ich schon _____.
10. das Spiel gewinnen. – Das habe ich schon _____.
11. den Zaun streichen. – Den habe ich schon _____.
12. das Richtige tun. – Das habe ich schon _____.
13. die Konzenquenzen ziehen. – Die habe ich schon _____.
14. die Prüfung bestehen. – Die habe ich schon _____.
15. die Schuhe abtreten. – Die habe ich schon _____.
16. die Suppe aufessen. – Die habe ich schon _____.

17. das Glas austrinken. – Das habe ich schon _____.
18. den Film sehen. – Den habe ich schon _____.
19. die Tür abschließen. – Die habe ich schon _____.
20. das Buch zurückgeben. – Das habe ich schon _____.

✍ 배열에 맞게 알맞은 단어를 넣으시오.

1. Frühling, Sommer, _____, Winter
2. Mai, Juni, _____, August
3. eins, drei, fünf, _____
4. _____, Freitag, Samstag, Sonntag
5. Sonne, Mond und _____
6. Januar, _____, März, April
7. zwei, _____, sechs, acht.
8. rechts, links, vorwärts, _____
9. Montag, Dienstag, _____, Donnerstag
10. erstens, zweitens, _____, viertens
11. _____, gestern, heute, morgen, übermorgen
12. immer, oft, selten, _____
13. Norden, _____, Osten, Westen
14. Vergangenheit, Gegenwart, _____
15. vorn, _____, oben, unten
16. Europa, Afrika, Asien, Amerika, _____

✍ 주어진 음절을 사용하여 반대 뜻을 갖는 단어를 만드시오.

1. die Hitze – die [ätelK]   die Kälte
2. die Hochzeit – die [dnceghSiu]   _____
3. die Jugend – das [elArt]   _____
4. der Kauf – der [keuVfra]   _____
5. der Krieg – der [reedniF]   _____

6. der Lärm – die [euRh] _____

7. das Leben – der [odT] _____

8. die Liebe – der [aHss] _____

9. die Lüge – die [tearhWhi] _____

10. der Mann – die [uraF] _____

11. der Mieter – der [meeerVrti] _____

12. die Minderheit – die [eertihMh] _____

13. der Neffe – die [ihecNt] _____

14. der Norden – der [eüSdn] _____

15. der Onkel – die [atnTe] _____

16. die Rechtskurve – die [keikrnLsuv] _____

17. die Regel – die [huneAsma] _____

18. die Sicherheit – die [raehfG] _____

✍ 의미가 상응하는 단어끼리 연결시키시오

1. Wand: c	a. Tennisball	1. Kinn: c	a. Benzin	1. Blumen: d	a. Fahrkarte
2. Hand:	b. Schale	2. Kirche:	b. Donner	2. Auto:	b. Kofferraum
3. Schläger:	c. Tapete	3. Blitz:	c. Bart	3. Bahn:	c. Deckel
4. Lampe:	d. Birne	4. Wein:	d. Glas	4. Kaffee:	d. Vase
5. Banane:	e. Finger	5. Auto:	e. Papst	5. Topf:	e. Zucker

1. Anzug:	a. Tor	1. Hemd:	a. Olympiade	1. Suppe:	a. Messer
2. Computer:	b. Maus	2. Sport:	b. Ampel	2. Fieber:	b. Thermometer
3. Fußball:	c. Seite	3. Himmel:	c. Wolke	3. Treppe:	c. Skilift
4. Buch:	d. Zucker	4. Musik:	d. Kragen	4. Wurst:	d. Löffel
5. Kaffee:	e. Krawatte	5. Kreuzung:	e. Noten	5. Schnee:	e. Geländer

1. Berlin:	a. Korken	1. Baum:	a. Wirkung	1. Fahrrad:	a. Klingel
2. Wetter:	b. Wasser	2. Gesicht:	b. Antwort	2. Theater:	b. Bier
3. Abend:	c. Schnee	3. Frage:	c. Nase	3. Kneipe:	c. Clown
4. Durst:	d. Dunkelheit	4. Richter:	d. Holz	4. Zirkus:	d. Leder
5. Flasche:	e. Stadt	5. Ursache:	e. Urteil	5. Tasche:	e. Bühne

1. Baum:	a. Scheibe	1. Heizung:	a. Portmonee	1. Zoo:	a. Steuer
2. Fernsehen:	b. Regel	2. Dom:	b. Wahlen	2. Finanzamt:	b. Stern
3. Brot:	c. Ast	3. Geld:	c. Miete	3. Himmel:	c. Koffer
4. Bein:	d. Programm	4. Wohnung:	d. Wärme	4. Disko:	d. Musik
5.Grammatik:	e. Fuß	5. Parteien:	e. Baustil	5. Gepäck:	e. Tiere

✍ 주어진 단어를 알맞은 곳에 넣어 문장을 완성하시오.

> arbeiten Augenblick Bahnhof Birne Briefe Chancen Eis
> Explosion Tod Vogel

1. Das _____ auf dem See ist gefährlich. Geh nicht darauf!
2. Ein Adler ist ein großer _____.
3. Das verschlechtert meine _____ zu gewinnen.
4. Bei der _____ gab es Tote und Verwundete.
5. Der Arzt konnte nur noch den _____ feststellen.
6. Ihr seht die Männer auf der Straße _____.
7. Die _____ in der Lampe ist kaputt. Kauf eine neue.
8. Die _____ liegen auf Ihrem Schreibtisch.
9. Warten Sie einen _____, bitte! Ich komme sofort.
10. Wann kommt der Zug an? Ich hole dich vom _____ ab!

Frühstück Gebäude Geschenk Grad Haltestelle Idee
Jahre Katze Leute Konferenz

1. Dort fährt der Bus ab. Das ist die _____.

2. Am Samstag essen wir zum _____ ein Ei.

3. Wir haben die Wohnung für drei _____ gemietet.

4. Eine Lohnerhöhung? Wie sind Sie auf diese _____ gekommen?

5. Die _____ der Außenminister war ein Misserfolg.

6. Die Kinder spielen gern mit der _____. Aber sie kratzt!

7. Die Blumen sind ein _____ von meiner Nichte.

8. Nicht nur junge _____ tragen Jeans.

9. Heute sind 10 _____ unter Null.

10. Das _____ hat zwanzig Stockwerke.

ab Am arm aus Bitte sprechen Trotz uns weh Wer

1. _____ Wochenende kriegen wir besseres Wasser.

2. _____ kommt als Nächster dran? – Er.

3. _____ der Zentralheizung war es kalt.

4. Es gab keine Dusche, wir konnten _____ nicht mal duschen.

5. Er kommt uns nur _____ und zu mal besuchen.

6. Er ist _____ dran, der tut mir Leid!

7. Ich kann Deutsch verstehen, aber nicht so gut _____.

8. _____ nicht stören!

9. Meine Zähne tut mir _____!

10. Man trinkt Bier nicht _____ einer Tasse!

1. Du hast vergessen, _____ zu rasieren.
2. Gestern _____ Klaus schon um 6 Uhr morgens das Radio an.
3. Ich _____ in dieser Sache nicht mehr zu sagen.
4. Die Sache kommt mir komisch _____.
5. Wenn wir etwas mehr Zeit _____! Dann blieben wir noch.
6. _____ Keller ist noch eine Dose Gemüse.
7. _____ ist nicht schwer, das Rätsel zu lösen.
8. Kinder sind nicht immer leicht zu _____.
9. _____ mir mal dein Buch. Ich gebe es dir gleich zurück.
10. _____ du mir ein bisschen Geld leihen?

1. _____ ich ein Taxi für Sie besellen?
2. Am _____ arbeitet niemand in der Firma.
3. Hast du das _____ zur Post gebracht?
4. Ich _____ mich aufs Sofa und sehe fern.
5. Ich danke Ihnen schon jetzt für Ihre _____.
6. Ich unterhalte mich _____ ihr immer auf Englisch.
7. Der Lehrer schreibt das neue Wort an die _____.
8. Die _____ müssen immer den Armen helfen.
9. Möchten Sie den holländischen _____ mal probieren?
10. Vor einiger Zeit _____ ich in Afrika.

Arme Ausdruck Bruder da Rauchen Spiel Stadt Straße Tat Unfalls

1. _____ Maria? Du tust mir so Leid! Du bist wirklich arm dran.
2. Ich bin der _____ meiner Schwester.
3. Ich habe gehört, dass Heidelberg eine schöne _____ hat.
4. Schach ist ein ganz bekanntes _____.
5. Der _____ aus dem Laserdrucker sah perfekt aus.
6. _____ Sie Pfeife oder Zigarren?
7. Dort an der Ampel kannst du über die _____ gehen.
8. Er half ihr mit Rat und _____.
9. Es klingelt: "Wer ist _____, bitte?"
10. Auf der Autobahn ist wegen eines _____ ein Stau von 5 km.

Essen Fest Freund Hand Hochzeit Job Kino Krankheit Lust Maschine

1. In diesem _____ werden meistens gute Filme gezeigt.
2. Dazu habe ich keine _____. Das gefällt mir nicht.
3. Ich suche einen neuen _____. Vielleicht als Taxifahrer
4. Wenn ich 50 Jahre alt werde, feiern wir ein großes _____.
5. Die _____ ist pünktlich gelandet.
6. Die beiden wollen ihre _____ im besten Hotel feiern.
7. Meine Frau kocht immer leckeres _____.
8. Emil ist ein alter _____ von mir. Ich mag ihn sehr.
9. Mit einem Revolver in der _____ bedrohte er mich.
10. Er leidet an einer schweren _____.

Verspätung Theater Suppe Ruhe Richter Plätze Musik Bau Ampel ab

1. Der Zug hatte eine halbe Stunde_____.
2. Der _____ verurteilte ihn zu zwei Jahren Gefängnis.
3. Gestern war ich im _____. Man spielte den 'Faust'.
4. Die _____ sprang auf Rot, aber das Taxi fuhr weiter.
5. Willst du noch einen Teller _____? Die ist aufgewärmt.
6. Mir ist es hier zu laut. Ich brauche viel _____.
7. In den vorderen Reihen sind noch einige _____ frei.
8. In meiner Freizeit höre ich gern _____.
9. Er ist Maurer. Er arbeitet am _____.
10. Es klingelt, aber ich nehme den Hörer nicht _____.

Gedeck Fühlen fließt Firmen Art erhält Einzelheiten Ecke Blitz Ausgang

1. „_____ Sie sich heute besser?" fragte der Arzt.
2. Nähere _____ werden noch bekanntgegeben.
3. Der Baum wurde von einem _____ getroffen.
4. Herr Ober, bitte noch ein _____! Es kommt noch jemand.
5. Sie treffen sich im Lokal an der _____, dort bei der Kreuzung.
6. In den _____ werden immer mehr Computer eingesetzt.
7. Die Donau _____ durch Wien.
8. Wo ist denn hier der _____? Ich will raus!
9. Er _____ vielleicht diese Jahr den Nobelpreis.
10. Auf diese _____ erreichst du bei ihm gar nichts. Sei netter zu ihm!

✍ 의미가 어울리지 않은 단어를 고르시오.

1. Tochter Großmutter _Zwillinge_ Mutter	Zwillinge
2. Tischtennis Volleyball Reiten Wasserball	
3. Ungarn Zypern Franzose Niederlande	
4. Tulpe Nelke Rose Baum	
5. Richter Staatsanwalt Zeuge Urteil	
6. Nordpol Süden Osten Westen	
7. Gewicht Größe Temperatur Meter	
8. Weihnachten Ostern Pfingsten Ferien	
9. Kommunismus Buddhismus Islam Hinduismus	
10. Baustil Barock Gotik Romantik	
11. Niere Leber Zunge Herz	
12. GmbH KG AG BMW	
13. Widder Jungfrau Horoskop Stier	
14. Storch Strauß Papagei Adler	
15. Mars Jupiter Sonne Erde	
16. Zunge Lippe Zahn Auge	
17. Zucker Salz Pfeffer Sauce	
18. Zehe Fuß Bein Knochen	
19. Wurst Schinken Speck Muscheln	
20. Vorspeise Salat Hauptgericht Dessert	

✍ 보기와 같이 의미하는 신체부분을 적으시오.

Man kann	
1. damit jemand umarmen	die Arme
2, damit das Essen kauen	
3. damit denken	
4. damit jemand küssen	
5. damit kräftig zuschlagen	
6. damit riechen	
7. damit sehen	
8. damit hören	
9. sie sich brechen	
10. es schlagen hören	
11. damit schreiben	
12. damit auf etwas zeigen	
13. damit die Temperatur fühlen	
14. sie beim Friseur schneiden lassen	
15. damit schnell laufen	
16. damit jemanden treten	
17. damit seine Kraft gebrauchen	
18. damit atmen	
19. damit den Kopf bewegen	
20. ihn rasieren	

주어진 내용을 해석하고 ja 또는 nein으로 답하시오.

1. Eier und Bananen kann man schälen.	
2. Ein Fuchs sieht aus wie ein Löwe.	
3. Wenn es viel regnet, gibt es ein Erdbeben.	
4. Beethoven war ein deutscher Schriftsteller	
5. Ein Vermieter muss Miete bezahlen.	
6. Hannover liegt in Niedersachen.	
7. Eine Schnecke hat vier Füße.	nein
8. Die Ruhr fließt in den Rhein.	ja
9. Bilder haben meistens einen Rahmen.	
10. Sorbisch ist eine kleine Sprache in Deutschland.*	ja
11. Chemnitz hieß früher Karl-Marx-Stadt.	
12. Der Mont Blanc ist der höchste deutsche Berg.	
13. Viele Bienen geben Milch.	
14. Ich habe zehn Zehen.	
15. Der Eiffelturm steht in Berlin.	
16. Der Bruder meines Vaters ist mein Onkel.	
17. Im Süden der Schweiz spricht man Italienisch.	
18. Blumenkohl ist eine Blume.	
19. Frankfurt liegt am Main und an der Oder.	
20. An der Mosel wächst Wein.	

* Man spricht sie im Spreewald.

✍ 주어진 내용을 해석하고 ja 또는 nein으로 답하시오.

1. Der Mond ist größer als die Sonne.	nein
2. Sauerkraut hat eine blaue Farbe.	
3. In München gibt es Biergärten.	
4. Eine Tulpe ist ein Fisch.	
5. Durch Wien fließt die Donau.	
6. Liechtenstein liegt zwischen der Schweiz und Österreich.	
7. Die meisten Einwohner von Dresden sind Sachsen.	
8. Ein Gletscher besteht aus Eis.	
9. Eine Ameise ist ein großes Tier.	
10. Im Nebel kann man schlecht sehen.	
11. Das Ruhrgebiet liegt in Nordrhein-Westfalen.	
12. Der erste deutsche Bundeskanzler hieß Konrad Adenauer.	
13. Mit Aktien kann man Geld verdienen.	
14. Ein Papagei ist ein Vogel.	
15. In Stuttgart spricht man schwäbischen Dialekt.	
16. Diesel kann man trinken.	
17. Wenn es hagelt, geht man spazieren.	
18. Für einen Nagel braucht man einen Hammer.	
19. Einen Schlitten braucht man nur im Sommer.	
20. Der Chiemsee liegt in Bayern.	

✍ 연결하여 속담 또는 관용어를 만드시오.

1. Lügen haben (h)	a) als die Taube auf dem Dach.
2. Wenn zwei sich streiten, (f)	b) da ist auch kein Richter.
3. Was ich nicht weiß, (i)	c) der Faule fleißig.
4. Wer nicht wagt, (d)	d) der nicht gewinnt.
5. Am Abend wird (c)	e) fängt am Abend die Katze.
6. Der Krug geht so lange (j)	f) freut sich der Dritte.
7. Vögel, die am Morgen singen,(e)	g) schaut man nicht ins Maul.
8. Besser den Spatz in der Hand (a)	h) kurze Beine.
9. Einem geschenkten Gaul (g)	i) macht mich nicht heiß.
10. Wo kein Kläger ist, (b)	j) zum Brunnen, bis er bricht.
11. Aller Anfang ist (k)	k) schwer.
12. Die Zeit heilt (l)	l) alle Wunden.
13. Hunger ist (m)	m) der beste Koch
14. Kleider machen (n)	n) Leute.
15. Alte Liebe (o)	o) rostet nicht.
16. Man soll den Tag (p)	p) nicht vor dem Abend loben.
17. Wer den Schaden hat, braucht (q)	q) für den Spott nicht zu sorgen.
18. Wenn die Katze weg ist, (s)	r) Gold im Mund.
19. Morgenstund' hat (r)	s) tanzen die Mäuse auf dem Tisch.
20. Spare in der Zeit, (u)	t) den bestraft das Leben.
21. Wer zu spät kommt, (t)	u) dann hast du in der Not.
22. Die dümmsten Bauern ernten (v)	v) die dicksten Kartoffeln.
23. Kommt Zeit, (w)	w) kommt Rat
24. Was Hänschen nicht lernt, (x)	x) lernt Hans nimmermehr.
25. Das Hemd ist (y)	y) mir näher als Rock.
26. Viele Köche verderben (z)	z) den Brei.
27. Hunde, die bellen, (ä)	ä) beißen nicht.
28 Kleine Bäche machen (ö)	ö) große Flüsse.

● 일상생활에서 자주 쓰이는 관용적 표현 익히기

1. Sie hat einen Vogel.
 : Sie ist verrükt.
2. Sie hat sich verknallt.
 : Sie ist verliebt.
3. Sie wirft alles in einen Topf.
 : Sie macht keine Unterschiede.
4. Sie malt den Teufel an die Wand.
 : Sie sagt, es passiert Schlimmes.
5. Sie macht sich auf die Socken.
 : Sie geht los.
6. Sie spielt ihm einen Streich.
 : Sie macht sich einen Spaß mit ihm.
7. Sie lässt sie im Stich.
 : Sie lässt sie mit einem Problem allein.
8. Sie macht sich aus dem Staub.
 : Sie läuft davon.
9. Sie hilft ihr auf die Sprünge.
 : Sie zeigt ihr, wie man das macht.
10. Sie dreht den Spieß herum.
 : Sie vertauscht die Rollen.
11. Er ist im siebten Himmel
 : Er ist überglücklich.
12. Er ist ein Schürzenjäger.
 : Er läuft jeder Frau hinterher.
13. Er schmiert ihr eine.
 : Er gibt ihr eine Ohrfeige.
14. Er ist eine Schlafmütze.
 : Er ist verträumt und langweilig.

15. Er ist sauer.

   : Er ist böse oder hat schlechte Laune.

16. Er sitzt in der Patsche.

   : Er ist in einer schlechten Situation.

17. Er ist mit seinem Latein am Ende.

   : Er weiß nicht mehr weiter.

18. Er steht bei ihm in der Kreide.

   : Er hat Schulden bei ihm.

19. Er legt das auf die hohe Kante.

   : Er spart das Geld.

20. Er bindet ihr einen Bären auf.

   : Er belügt sie.

21. Er geht auf dem Zahnfleisch.

   : Er ist völlig müde.

II. 전치사와 함께 사용하는 주요 동사

● 전치사 없이 동사만

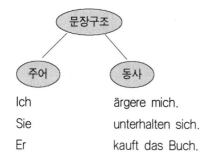

Ich   ärgere mich.
Sie   unterhalten sich.
Er   kauft das Buch.

● 전치사를 수반하는 동사

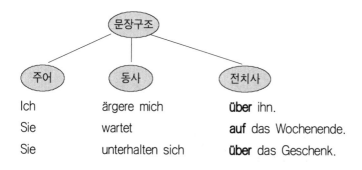

Ich   ärgere mich   **über** ihn.
Sie   wartet   **auf** das Wochenende.
Sie   unterhalten sich   **über** das Geschenk.

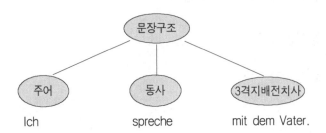

Ich	spreche	mit dem Vater.

Die Frau	**telefoniert** immer	**mit** dem Lehrer.
Das Werk	**besteht**	**aus** drei Teilen.
Er	**hilft** mir immer	**beim** Vokabellernen.
Ich glaube, Es	**riecht** hier	**nach** Gas. Das ist gefährlich!
Er	**redet** die ganze Zeit	**von** einer Frau.
Ich	**leide** sehr	**unter** dem Klima.
Österreich	**gehört** seit 1995	**zur** Europäischen Union.

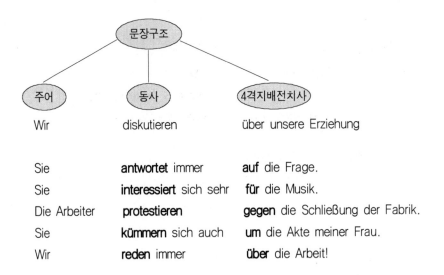

Wir	diskutieren	über unsere Erziehung

Sie	**antwortet** immer	**auf** die Frage.
Sie	**interessiert** sich sehr	**für** die Musik.
Die Arbeiter	**protestieren**	**gegen** die Schließung der Fabrik.
Sie	**kümmern** sich auch	**um** die Akte meiner Frau.
Wir	**reden** immer	**über** die Arbeit!

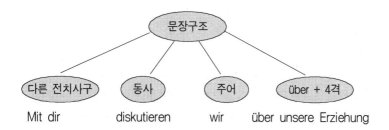

문장구조

다른 전치사구 / 동사 / 주어 / über + 4격

Mit dir   diskutieren   wir   über unsere Erziehung

Seit einer Woche **warte** ich **auf** meine Frau.

Ohne seine Hilfe **kämpfen** wir **für** den Frieden.

Mit meinem Freund **diskutiere** ich immer **über** unsere Zukunft.

🖐 주어진 단어들을 연결하여 문장을 완성시키시오.

Er denkt immer nur	auf Montag.
Meine Frau wartet schon lange	auf den Bus.
Unser Lehrer spricht nicht gerne	an ihn.
Wir freuen uns nicht	unter Hitze.
Sie interessiert sich gar nicht	für Fußball.
Seit Tagen leidet die Frau	über Politik

1. Meine Frau wartet schon lange <u>auf den Bus.</u>

2. Er denkt immer nur _____.

3. Unser Lehrer spricht nicht gerne _____.

4. Wir freuen uns nicht _____.

5. Sie interessiert sich gar nicht _____.

6. Seit Tagen leidet die Frau _____.

✍ 주어진 동사를 사용하여 알맞은 전치사를 넣어 문장을 완성시키시오.

1. er, Politik, diskutieren
   => <u>Er diskutiert über Politik.</u>
2. meine Frau, hoffen, Zukunft
   => _____.
3. mein Freund, oft, in der Schule, das Wochenende, träumen
   => _____.
4. Frau Kim, die Scheidung, erinnern
   => _____.
5. Herr Kim, der Unfall, erzählen
   => _____.

✍ 주어진 동사를 사용하여 문장을 완성시키시오.

sich interessieren protestieren sich(nicht) gerne unterhalten oft denken sich ärgern sich freuen	auf, gegen unter, an, für, über, mit	Politik, Sport, Mode, Kochen, Urlaub, Arbeit, Buch, Reichtum, Auto, Frau, Wetter, Frieden, Glück, Deutsch, Deutschland, Vergangenheit, Zukunft

1. Ich interessiere mich für _____.
2. Er _____.
3. Unser Lehrer _____.
4. Die Kinder _____.
5. Die Frau _____.
6. Sein Freund _____.

● 전치사와 함께 주요 동사 외우기

(einer: 3격, eine: 4격, P: 사람, S: 사물, *: 분리동사)

abhängen von einer P oder S *:
„Geht ihr mit ins Kino?" – „Das hängt ganz von Film ab!"

achten auf eine P oder S :
Sie achtet sehr auf eine gesunde Ernährung.

anfangen mit einer S *:
Kommt bitte, wir wollen mit dem Essen anfangen!

ankommen auf eine P oder S *:
Es kommt auf das Wetter an, ob wir einen Ausflug machen.

antworten auf eine S:
Ich kann doch nicht auf jede Frage antworten!

arbeiten an einer S :
Die Firma arbeitet an einem neuen Projekt.

sich ärgern über eine P oder S:
Ich ärgere mich über sein Verhalten.

auffordern zu einer S *:
Die Regierung fordert zum Sparen auf.

aufrufen zu einer S *:
Die Gewerkschaft rief zu einer Kundgebung auf.

aufhören mit einer S *:
Ich bin so müde – ich höre jetzt mit dieser Arbeit auf!

sich auswirken auf eine S *:
Das Rauchen wirkt sich nachteilig auf die Gesundheit aus.

beitragen zu einer S *:
Jeder kann zur Reinhaltung der Umwelt beitragen.

sich bemühen um eine P oder S:
Ich bemühe mich um einen Termin bei Herrn Müller.

berichten einer P über eine S / von einer S:
Danach berichtete Frau Maier über die Konferenz in Köln.

sich beschäftigen mit einer S:
Mit finanziellen Dingen beschäftige ich mich nicht gern.

sich beschränken auf eine S:
Er beschränkte sich auf einen kurzen Bericht.

bestehen aus einer S:
Die „Zertifikat Deutsch" besteht aus einer mündlichen und einer
schriftlichen Prüfung.

sich beteiligen an einer S:
Er hat sich an der Demonstration beteiligt.

sich bewerben um eine S:
Sie bewirbt sich um die Stelle als Sekretärin.

sich beziehen auf eine P oder S:
Wir beziehen uns auf unser Gespräch von letzter Woche.

bitten eine P um eine S:
Herr Kim bat mich um meine Meinung.

danken einer P für eine S:
Ich danke Ihnen für die Einladung.

denken an eine P/ über einer S:
Ich denke schon immerzu an den nächsten Urlaub.
Was dachten die Zeitgenossen über die Erfindung des Telefons?

diskutieren über eine S:
Die Klasse diskutiert über Berufe.

sich eignen für eine S:
Er eignet sich bestimmt für diesen Beruf.

einladen jdn zu einer S *:
Ich würde Sie gerne zu meinem Fest am Samstag einladen.

sich entscheiden für eine P oder S:
Haben Sie sich schon für ein bestimmtes Kleid entschieden?

sich entschuldigen bei einer P:
Der Direktor wird sich bei mir nicht für die ungerechte Behandlung
entschuldigen.

sich entwickeln zu einer S:
Die Firma entwickelt sich zu einem Großunternehmen.

sich ergeben für eine S:
  Für das Projekt ergeben sich Schwierigkeiten.

sich erinnern an eine P oder S:
  Erinnern Sie sich noch an mich?

sich erkundigen nach einer P oder S:
  Ich erkundige mich mal nach meiner alten Freundin.

fehlen an einer S:
  In vielen Ländern fehlt es an Nahrungsmitteln.

folgen auf eine S:
  Die Romantik folgte auf die Klassik.

fragen jdn nach einer P oder S:
  Auf dem Amt fragen Sie am besten nach Herrn Müller.

sich freuen auf eine P oder S (Zukunft):
  Ich freue mich schon auf den nächsten Urlaub.
sich freuen über eine P oder S (Gegenwart):
  Ich habe mich sehr über Ihren Besuch gefreut.

gehören zu einer P oder S:
  Österreich gehört seit 1995 zur Europäischen Union.

gelangen zu einer S:
  Die Erfindung gelangte zu großer Bedeutung.

sich gewöhnen an eine P oder S:
  An das Essen hier habe ich mich schnell gewöhnt.

glauben an eine P oder S:
Ich glaube an ein Leben nach dem Tod.

gratulieren einem P zu einer S:
Ich gratuliere dir herzlich zu deinem Geburtstag!

handeln von einer S:
Dieser Roman handelt von einem rätselhaften Mord.

sich handeln um eine P oder S:
Handelt es sich um uns?

helfen jdm bei einer S:
Er hilft mir immer beim Vokabellernen.

hinweisen auf eine S *:
Er wies auf die Bestimmungen hin.

hoffen auf eine S:
Hoffe nicht auf bessere Zeiten – unternimm lieber was!

hören (etw) von einer P oder S:
Ich habe schon lange nichts mehr von dir gehört.

sich informieren über eine P oder S:
Informieren Sie sich genau über die Details!

sich interessieren für eine P oder S:
Sie interessiert sich sehr für klassische Musik.

sich kümmern um eine P oder S:
Bitte kümmern Sie sich auch um die Akte meiner Frau!

leiden an einer Krankheit:
Er leidet an einer seltenen Krankheit.

leiden unter einer Situation:
Ich leide sehr unter dem feuchten Klima.

nachdenken über eine S *:
Er hat lange über das Problem nachgedacht.

neigen zu einer S:
Er neigte zu Übertreibungen.

profitieren von einer S:
Er hat von seinem Auslandsaufenthalt viel profitiert.

protestieren gegen eine S:
Die Arbeiter protestieren gegen die Schließung der Fabrik.

rechnen mit einer P oder S:
Wir rechnen mit einer Fahrzeit von drei Stunden.

sich richten nach einer S:
Die Höhe des Stipendiums richtet sich nach dem Einkommen der Eltern.

riechen: es riecht nach einer S
Ich glaube, hier riecht es nach Gas. Das ist gefährlich!

schreiben an eine P:
Ich schreibe gerade einen Brief an meine Eltern.

sorgen für eine P oder S:
Seit er krant ist, sorge ich für meinen alten Vater.

sprechen mit einer P über eine P oder S:
Ich möchte gerne mit Ihnen über Ihr neuestes Buch sprechen.

stammen aus/ von einer S:
Sie stammt aus Dänemark.
Das Bild stammt noch von meinen Eltern.

sterben an einer S:
An welcher Krankheit ist er gestorben?

streben nach einer S:
Sie streben nach sozialer Gerechtigkeit.

streiten mit einer P über P oder S:
Streitest du auch immer mit deinen Eltern über Politik?

sich stützen auf eine S:
Der Abgeordnete stützte sich auf die Rede des Ministers.

teilnehmen an einer S *:
Nehmen Sie auch an der Konferenz nächste Woche teil?

träumen von einer S:
Er träumt von der Prüfung.

sich überzeugen von einer S:
Überzeugen Sie sich selbst von der Qualität des Produkts!

sich unterhalten mit einer P über eine P oder S:
Mit dir unterhalte ich mich gerne über Kunst.

sich verabreden mit einer P für eine Zeit:
Heute bin ich mit einem Kollegen verabredet.

sich verabschieden von einer P:
Wir müssen uns jetzt von Ihnen verabschieden, es ist schon spät!

verfügen über eine S:
Wir verfügen immer über das Auto.

sich verlassen auf eine P oder S:
Ich verlasse mich auf Ihren Rat!

verzichten auf eine S:
Wir müssen leider auf unseren Plan verzichten.

sich vorbereiten auf eine S *:
Bereiten wir uns gemeinsam auf die Prüfung vor?

wählen zu einer P oder S:
Er ist zum besten Spieler des Jahres gewählt worden.

warten auf eine P oder S:
Wartet bitte auf mich!, ich komme gleich!

sich wundern über eine P oder S:
Sie wundern sich über das gute U-Bahnsystem in Hamburg.

zählen zu einer P oder S:
Er zählt zu den berühmtesten Pianisten der Welt.

zweifeln an einer S:
Ehrlich gesagt, zweifle ich an ihrer Version der Geschichte.

III. 독작문에 필요한 주제별 단어

Grund, Ursache + Folge, Wirkung, Konsequenz	
verursachen	Der Wind verursachte schwere Schäden an den Häusern
bewirken	Durch regelmäßige Demonstrationen bewirkten die Bürger, dass die Regierung zurücktrat.
hervorrufen	Die Steuerungerhöhungen rufen bei der Bevölkerung Empörung hervor.
führen zu D	Die schlechte Ernte führten zu einer Wirtschaftskrise.
zur Folge haben	Die Lohnerhöhungen hatten ein Preiserhöhung zur Folge.
beruhen auf D	Sein Erfolg beruht auf einem Fleiß und seiner Ausdauer.

Bedingung, Voraussetzung + Folge, Konsequenz, Wirkung, Ergebnis	
voraussetzen A	Wenn ein Ausländer in Deutschland studieren will, wird voraussetzt, dass er gut Deutsch kann.
Bedingung für Voraussetzung für	Die Voraussetzung (Bedingung) für ein Studium in Deutschland sind gute deutsche Sprachkenntnisse.

Beziehung, Zusammenhang	
zusammenhängen mit	Die hohen Benzinpreise hängen mit der Golfkrise zusammen.
abhängen von D	Es hängt vom Wetter ab, ob wir schwimmen gehen oder nicht.
in Zusammenhang stehen mit	Das Problem steht in Zusammenhang mit uns.
sich beziehen auf A	Worauf bezieht sich deine Frage?
betreffen A	Diese Information betrifft nur mich.
gelten für A	Diese Vorschrift gilt nur für Autofahrer.

Gleichheit, Ähnlichkeit	
gleichen, ähneln D	Sein Zimmer gleicht (ähnelt) einem Müllplatz.
übereinstimmen mit D	Er stimmt mit mir überein, dass das Zimmer
	aufgeräumt werden müßte.
passen zu D	Seine Frau paßt überhaupt nicht zu ihm.
zusammenpassen	Peter und Eva passen gut zusammen.
gleich sein	Die beiden Häuser sind gleich.

Unterschied, Verschiedenheit, Ungleichheit	
sich unterscheiden	Die Autos unterscheiden sich in der Farbe und Größe.
verschieden sein	Die beiden Schwestern sind im Charakter sehr
unterschiedlich sein	verschieden(unterschiedlich).
anders sein als	Die erste Prüfung war anders als die zweite.
Unterschied zwischen D	Der Unterschied zwischen einem starken und einem
	schwachen Verb besteht in der Konjugation.
im Gegensatz zu D	Im Gegensatz zu Frankreich ist die Bundesrepublik
	Deutschland kein zentralistischer Staat.
im Unterschied zu D	Im Unterschied zu dir trinke ich nicht jeden Abend drei Bier.
Verglichen mit	Verglichen mit Berlin, ist Heidelberg sehr klein.
im Vergleich zu D	Im Vergleich zu Berlin ist Heidelberg sehr klein.

Definition, Erläuterung, Erklärung	
erklären A, D	Können Sie mir die Bedeutung des Begriffs "Motivation"
	erklären?
verstehen unter A, D	Man versteht unter "Motivation" die Gründe, die den
	Menschen zu bestimmten Handlungen bewegen.
definieren A	Definieren Sie bitte den Begriff "Motivation"!
erläutern	Erläutern Sie bitte den Begriff "Freiheit"!

Thema, Inhalt	
s Thema, –en	Das Thema des Textes ist das Ausländerproblem.
handeln von D	Der Text handelt von dem Ausländerproblem.
es geht um A	In diesem Text geht es um das Ausländerproblem.
behandeln A	Im Text wird das Ausländerproblem behandelt.
sich auseinandersetzen	Der Autor setzt sich mit dem Thema "Probleme der
mit D	Ausländer in Deutschland" auseinander.
sich beschäftigen mit	Der Verfasser beschäftigt sich mit dem Problem der
	Ausländer in Deutschland.
erörtern A	In dem Text wird das Problem der Ausländer erörtert.
untersuchen A	Der Autor untersucht das Verhältnis zwischen Motivation
	und Lernerfolg.

Meinung, Ansicht, Auffassung	
der Meinung sein	Der Autor ist der Meinung, dass der Sozialstaat hilflose
	Menschen brauche.
nach Meinung + G	Nach Meinung des Verfassers braucht der Sozialstaat
	unglückliche Menschen.
Poss. pron +	meiner, deiner, seiner, ihrer Meinung nach
Meinung nach	unserer, eurer, ihrer, Ihrer Meinung Nach
meinen, denken	Der Autor meint, dass Seoul eine schöne Stadt ist.
die Meinung vertreten	Der Autor vertritt die Meinung, dass wir fleißig arbeiten.

Zustimmung, Übereinstimmung	
zustimmen D	Stimmen Sie der Meinung des Autors zu?
übereinstimmen mit	Stimmst du mit mir überein, dass der Präsident
	unfähig ist?
der gleichen Meinung sein	Ich bin der gleichen Meinung wie meine Frau.

keine Übereinstimmung, Ablehnung, Einwand	
teilweise	Ich stimme teilweise mit ihm überein.
zum Teil	Ich bin nur zum Teil seiner Meinung.
anderer Meinung sein	Er ist ganz anderer Meinung als sein Chef.

Verhalten des Menschen	
sich verhalten D gegenüber	Er verhält sich mir gegenüber immer höflich.
sich benehmen	Er hat sich sehr schlecht benommen.
reagieren auf A	Auf meine Beleidigung hat er mit einem Wutanfall reagiert.
respektieren(achten) A	Er wird von allen Mitarbeitern geachtet (respektiert).
Anerkennung, Achtung, Respekt	Er genießt überall Anerkennung.
anerkennen A	Jeder Mensch will von seinen Mitmenschen anerkannt werden.

IV. 새 정서법(1996)에 따라 변화된 단어 표기

Abschluß	Abschluss
alleinerziehend	allein erziehend
allgemeingültig	allgemein gültig
angepaßt	angepasst
Anlaß	Anlass
aufgepaßt	aufgepasst
auf deutsch	auf Deutsch
auseinandersetzen	auseinander setzen
befaßt	befasst
bewußt	bewusst

bißchen	bisschen
daß	dass
Dein(편지에서)	dein
der nächste, bitte	der Nächste, bitte
die Erste Hilfe	die erste Hilfe
ebensogut	ebenso gut
Einfluß	Einfluss
Erdgeschoß	Erdgeschoss
ernstzunehmend	ernst zu nehmend
es ist soweit	es ist so weit
es tut mir leid	es tut mir Leid
Euch(편지에서)	euch
Fluß	Fluss
Fußgänger	Fussgänger
(er) frißt	frisst
(er) paßt	passt
gefangennehmen	gefangen nehmen
gehenlassen	gehen lassen
genaugenommen	genau genommen
gestern abend/ morgen	gestern Abend/ Morgen
gewiß	gewiss
gewußt	gewusst
Greuel	Gräuel
groß schreiben	großschreiben
haltmachen	Halt machen
Haß	Hass
(er) ißt	isst
im allgemeinen	im Allgemeinen
Imbiß	Imbiss
im einzelnen	im Einzelnen

im ganzen gesehen	im Ganzen gesehen
im übrigen	im Übrigen
im voraus	im Voraus
in acht nehmen	in Acht nehmen
in betreff	n Betreff
in bezug auf	in Bezug auf
irgend etwas	irgendetwas
jedesmal	jedes Mal
kennenlernen	kennen lernen
Mißerfolg	Misserfolg
muß	muss
nahelegen	nahe legen
nebeneinandersitzen	nebeneinander sitzen
numerieren	nummerieren
Paß	Pass
plazieren	platzieren
radfahren	Rad fahren
ratschlagen	Rat schlagen
recht haben	Recht haben
Rußland	Russland
Schloß	Schloss
Schluß	Schluss
sitzenbleiben	sitzen bleiben
skifahren	Ski fahren
so daß	sodass / so dass
soviel du willst	so viel du willst
spazierengehen	spazieren gehen
stehenbleiben	stehen bleiben
Stewardeß	Stewardess
Stop	Stopp

Streß	Stress
Telephon	Telefon
Tip	Tipp
übrigbleiben	übrig bleiben
verlorengehen	verloren gehen
viel zuviel	viel zu viel
wieviel	wie viel
zum erstenmal	zum ersten Mal
zur Zeit	zurzeit
zuviel	zu viel
zuwenig	zu wenig

강변화 · 불규칙 동사 변화표

부정형	직설법 현재형	직설법 과거형	과거분사	명령형
backen (빵을) 굽다	du bäckst/ backst er bäckst/ backst	backte	gebacken	back(e)!
beginnen 시작하다		begann	begonnen	beginn(e)!
befehlen 명령하다	du befiehlst er befiehlt	befahl	befohlen	befiehl!
beißen (깨)물다		biss	bebissen	beiß(e)!
bieten 제공하다		bot	geboten	biet(e)!
bitten 요청하다		bat	gebeten	bitt(e)!
bleiben 머무르다		blieb	geblieben	bleib(e)!
braten (고기를) 굽다	du brätst er brät	briet	gebraten	brat!
brechen 깨지다/깨다	du brichst er bricht	brach	gebrochen	brich!
brennen (불)타다		brannte	gebrannt	brann(e)!
bringen 가져오다		brachte	gebracht	bring(e)!
denken 생각하다		dachte	gedacht	denk(e)!
dürfen ...해도 좋다	ich darf du darfst er darf	durfte	gedurft	
empfehlen 추천하다	du empfiehlst er empfiehlt	empfahl	empfohlen	empfiehl!
essen 먹다	du isst er isst	aß	gegessen	iss!
fahren (차를) 타고 가다	du fährst er fährt	fuhr	gefahren	fahr(e)!

부정형	직설법 현재형	직설법 과거형	과거분사	명령형
fallen 떨어지다	du fällst er fällt	fiel	gefallen	fall(e)!
fangen (붙)잡다	du fängst er fängt	fing	gefangen	fang(e)!
fechten 싸우다	du fichst er ficht	focht	gefochten	ficht!
fliegen 날다		flog	geflogen	flieg(e)!
fliehen 달아나다		floh	geflohen	flieh(e)!
fließen 흐르다		floss	geflossen	fließ(e)!
fressen (짐승이) 먹다	du frisst er frisst	frass	gefressen	friss!
geben 주다	du gibst er gibt	gab	gegeben	gib!
gedeihen 번영하다		gedieh	gediehen	gedeih(e)!
gehen 가다		ging	gegangen	geh(e)!
genesen 낫다		genas	genesen	genes(e)!
genießen 즐기다		genoss	genossen	genieß(e)!
geschehen (사건이) 일어나다		geschah	geschehen	
gewinnen 얻다, 이기다		gewann	gewonnen	gewinn(e)!
gießen 붓다		goss	gegossen	gieß(e)!
graben 파다	du gräbst er gräbt	grub	gegraben	grab(e)!
haben 가지다	du hast er hat	hatte	gehabt	hab(e)!

부정형	직설법 현재형	직설법 과거형	과거분사	명령형
halten 지니다, 멈추다	du hältst er hält	hielt	gehalten	halt(e)!
hängen 걸려 있다		hing	gehangen	häng(e)!
heben 올리다		hob/ hub	gehoben	heb(e)!
heißen ...라고 불리다		hieß	geheißen	heiß(e)!
helfen 돕다	du hilfst er hilft	half	geholfen	hilf!
kennen 알다		kannte	gekannt	kenn(e)!
klingen 울리다		klang	geklungen	kling(e)!
kommen 오다		kam	gekommen	komm(e)!
können ...할 수 있다	ich kann du kannst er kann	konnte	gekonnt	
kriechen 기다		kroch	gekrochen	kriech(e)!
laden 싣다, 옮기다	du lädst er lädt	lud	geladen	lad(e)!
lassen ...하게 하다	du lässt er lässt	ließ	gelassen	lass!
laufen 달리다	du läufst er läuft	lief	gelaufen	lauf(e)!
leihen 빌려주다		lieh	geliehen	leih(e)!
lesen 읽다	du liest er liest	las	gelesen	lies!
liegen 놓여있다		lag	gelegen	lieg(e)!

부정형	직설법 현재형	직설법 과거형	과거분사	명령형
meiden 피하다		mied	gemieden	meid(e)!
mögen 좋아하다	ich mag du magst er mag	mochte	gemocht	
müssen ...해야 한다	ich muss du musst er muss	musste	gemusst	
nehmen 잡다, 받다	du nimmst er nimmt	nahm	genommen	nimm!
preisen 칭찬하다		pries	gepriesen	preis(e)!
raten 조언하다	du rätst er rät	riet	geraten	rat(e)!
reiben 문지르다		rieb	gerieben	reib(e)!
reiten 말을타다		ritt	geritten	reit(e)!
rennen 질주하다		rannte	gerannt	renn(e)!
riechen 냄새나다		roch	gerochen	riech(e)!
ringen 격투하다		rang	gerungen	ring(e)!
rufen 부르다		rief	gerufen	ruf(e)!
saugen (젖을)빨다		sog	gesogen	saug(e)!
schaffen 창작(창조)하다		schuf	geschaffen	schaff(e)!
scheiden 분리하다/ 헤어지다		schied	geschieden	scheid(e)!

부정형	직설법 현재형	직설법 과거형	과거분사	명령형
scheinen 비치다		schien	geschienen	schein(e)!
schelten 꾸짖다	du schilst er schilt	schalt	gescholten	schilt!
scheren 자르다		schor	geschoren	scher(e)!
schießen 쏘다/질주하다		schoss	geschossen	schieß(e)!
schinden 가죽을 벗기다		schund	geschunden	schind(e)!
schlafen 잠자다	du schläfst er schläft	schlief	geschlafen	schlaf(e)!
schlagen 치다, 때리다	du schlägst er schlägt	schlug	geschlagen	schlag(e)!
schleifen 갈다, 연마하다		schliff	geschliffen	schleif(e)!
schließen 닫다, 잠그다		schloss	geschlossen	schließ(e)!
schlingen 휘감다		schlang	geschlungen	schling(e)!
schmeißen 던지다		schmiss	geschmissen	schmeiß(e)!
schmelzen 녹다	du schmilzt er schmilzt	schmolz	geschmolzen	schmilz!
schneiden 자르다		schnitt	geschnitten	schneid(e)!
schrecken 놀라다	du schrickst er schrickt	schrak	geschrocken	schrick!
schreiben 쓰다		schrieb	geschrieben	schreib(e)!
schreien 외치다		schrie	geschrien	schrei(e)!
schreiten 걷다		schritt	geschritten	schreit(e)!

부정형	직설법 현재형	직설법 과거형	과거분사	명령형
schwären 곪다		schwor	geschworen	schwier!
schweigen 침묵하다		schwieg	geschwiegen	schweig(e)!
schwimmen 헤엄치다		schwamm	geschwommen	schwimm(e)!
schwinden 사라지다		schwand	geschwunden	schwind(e)!
schwören 맹세하다		schwur	geschworen	schwör(e)!
sehen 보다	du siehst er sieht	sah	gesehen	sieh(e)!
sein ...이다, 있다	ich bin du bist er ist	war	gewesen	sei!
senden 보내다		sandte	gesandt	send(e)!
singen 노래부르다		sang	gesungen	sing(e)!
sinken 가라앉다		sank	gesunken	sink(e)!
sinnen (곰곰이) 생각하다		sann	gesonnen	sinn(e)!
sitzen 앉아 있다		saß	gesessen	sitz(e)!
sollen ...해야 한다	ich soll du sollst er soll	sollte	gesollt	
spalten 쪼개다		spaltete	gespalten gespaltet	spalt(e)!
speisen 침을 뱉다		spie	gespien	spei(e)!
sprechen 말하다	du sprichst er spricht	sprach	gesprochen	sprich!

부정형	직설법 현재형	직설법 과거형	과거분사	명령형
springen 뛰어오르다		sprang	gesprungen	spring(e)!
stechen 찌르다	du stichst er sticht	stach	gestochen	stich!
stehen 서 있다		stand	gestanden	steh(e)!
stehlen 훔치다	du stiehlst er stiehlt	stahl	gestohlen	stiehl!
sterben 죽다	du stribst er stribt	starb	gestorben	stirb(e)!
stieben 흩어지다		stob	gestoben	stieb(e)!
stoßen 마주치다/밀치다	du stößt er stößt	stieß	gestoßen	stoß(e)!
streiten 다투다		stritt	gestritten	streit(e)!
tragen 나르다	du trägst er trägt	trug	getragen	trag(e)!
treffen 만나다	du triffst er trifft	traf	getroffen	triff!
treiben 몰다/밀려가다		trieb	getrieben	treib(e)!
treten 밟다/(들어)가다	du trittst er tritt	trat	getreten	tritt!
trinken 마시다		trank	getrunken	trink(e)!
tun (행)하다		tat	getan	tu(e)!
verderben 망하다/ 상하다	du verdirbst er verdribt	verdarb	verdorben	verdrib!
verdrießen 불쾌하게 하다		verdross	verdrossen	verdriess(e)!
vergessen 잊다	du vergisst er vergisst	vergaß	vergessen	vergiss!

부정형	직설법 현재형	직설법 과거형	과거분사	명령형
verlieren 잃다		verlor	verloren	verlier(e)!
wachsen 자라다	du wächst er wächst	wuchs	gewachsen	wachs(e)!
wägen (무게를) 달다		wog	gewogen	wäg(e)!
waschen 씻다	du wäschst er wäscht	wusch	gewaschen	wasch(e)!
weichen 양보하다		wich	gewichen	weich(e)
weisen 가리키다		wies	gewiesen	weis(e)!
werben 구하다, 광고하다	du wirbst er wirbt	warb	geworben	wirb!
werden 되다	du wirst er wird	wurde / warb	geworden / worden	werd(e)!
werfen 던지다	du wirfst er wirft	warf	geworfen	wirf!
wiegen 무게가 ...이다		wog	gewogen	wieg(e)!
wissen 알고 있다	ich weiß du weißt er weiß	wusste	gewusst	wisse!
wollen 원하다	ich will du willst er will	wollte	gewollt	wolle!
ziehen 끌다, 이동하다		zog	gezogen	zieh(e)!
zwingen 강요하다		zwang	gezwungen	zwing(e)!

독일 지도

BUNDESREPUBLIK DEUTSCHLAND

MAINZ = Landeshauptstadt
Fürth = Sonstige Städte
● Städte über 500.000 Einwohner

DÄNEMARK

OSTSEE

NORDSEE

Schleswig-Holstein

KIEL

Lübeck

Mecklenburg-Vorpommern

Rostock Greifswald

SCHWERIN

Neubrandenburg

Hamburg

Bremerhaven

Wilhelmshaven

Emden

Oldenburg

Bremen

Lüneburg

Groningen

NIEDER-

Niedersachsen

Celle

Stendal

Berlin

Den Haag

Enschede

HANNOVER

Wolfsburg

Sachsen-

Brandenburg

POTSDAM

Frankfurt

Küstrin

POLEN

Arnhem

Osnabrück

Braunschweig

Hildesheim

Salzgitter

Münster

Bielefeld

Detmold

MAGDEBURG

Dessau

Anhalt

brandenburg

Cottbus

LANDE

Nordrhein-

Duisburg Essen

Dortmund

DÜSSELDORF

Westfalen

Köln

Siegen

Kassel

Göttingen

Nordhausen

Halle

Leipzig

Sachsen

DRESDEN

Görlitz

BELGIEN

Aachen

Bonn

Hessen

Marburg

Gießen

ERFURT

Weimar

Gera

Chemnitz

Zwickau

Thüringen

Eisenach

Suhl

Fulda

Hof

Rheinland-Pfalz

WIESBADEN

Frankfurt

Darmstadt

Aschaffenbg.

Main

Coburg

LUX.

Luxemburg

MAINZ

Saarl.

SAAR-BRÜCKEN

Ludwigshafen

Mannheim

Heidelberg

Würzbg.

Bamberg

Bayreuth

Erlangen

Fürth Nürnberg

Kaiserslautern

Metz

Karlsruhe

Baden-

STUTTGART

Bayern

Regensbg.

Ingolstadt

Donau

Landshut

Passau

TSCHECHIEN

Prag

FRANKREICH

Nancy

Straßburg

Württemberg

Tübingen

Ulm

Augsburg

MÜNCHEN

Freiburg

Friedrichshafen

Garmisch-Partenk.

Salzburg

ÖSTERREICH

Basel

Konstanz

SCHWEIZ

Zürich

Inn

Innsbruck